컴퓨팅 사고력
보드게임북

컴퓨팅 사고력 보드게임북

초판 1쇄 인쇄 2020년 12월 21일
초판 1쇄 발행 2021년 1월 8일

지은이 박점희 · 김미성 · 이미은
펴낸이 이범상
펴낸곳 (주)비전비엔피 · 애플북스

기획 편집 이경원 차재호 김승희 김연희 고연경 황서연 김태은 박승연
디자인 최원영 이상재 한우리
마케팅 이성호 최은석 전상미
전자책 김성화 김희정 이병준
관리 이다정

주소 우) 04034 서울특별시 마포구 잔다리로7길 12 (서교동)
전화 02) 338-2411 | **팩스** 02) 338-2413
홈페이지 www.visionbp.co.kr
이메일 visioncorea@naver.com
원고투고 editor@visionbp.co.kr
인스타그램 www.instagram.com/visioncorea
포스트 post.naver.com/visioncorea

등록번호 제313-2007-000012호

ISBN 979-11-90147-37-8 14370
      979-11-90147-31-6 (set)

「이 도서의 국립중앙도서관 출판시도서목록(CIP)은 서지정보유통지원시스템 홈페이지(http://seoji.nl.go.kr)와
국가자료공동목록시스템(http://www.nl.go.kr/kolisnet)에서 이용하실 수 있습니다.(CIP제어번호: CIP2020040708)」

교육과 만난 보드게임북 시리즈 3

컴퓨팅 사고력 보드게임북

박정희·김미성·이미은 지음

애플북스

보드게임으로 컴퓨팅 사고력을

"비디오게임을 사지만 말고 직접 만드세요. 새로 나온 애플리케이션을 다운로드만 하지 말고 함께 디자인하세요. 휴대폰을 갖고 놀지만 말고 프로그램을 만드세요."

버락 오바마 전 미국 대통령이 소프트웨어 교육을 강조하며 한 말입니다. 즉, 컴퓨팅 사고력을 배워야 한다고 강조한 말이라고 볼 수 있습니다.

2020년에 우리는 생각지도 못했던 코로나 사태를 맞이하며 급속도로 디지털 트렌스포메이션 사회로 진입하고 있습니다. 생활의 일부로 천천히 다가오던 디지털 사회화가 누구나 당연히 받아들여야 하는 일상으로 자리 잡게 된 것이죠.

온라인으로 수업을 듣고, 화상회의로 해외 바이어와 상담하고, VR 가상공간에서 친구를 만나고, 각종 비대면 온라인 플랫폼에서 콘서트와 스포츠를 즐기는 것이 아무렇지 않게 여겨지는 세상이 된 거죠. 연결되어 있지 않지만 연결된 디지털 세상의 핵심에 4차 산업혁명 신기술이 있고, 그 밑바탕은 소프트웨어 중심의 정보기술이 있습니다. 앞으로 우리가 사는 세상은 더 컴퓨터에 의존하고, 컴퓨터는 더 인간의 활동을 대신해서 진행하게 될 것입니다.

코로나19로 마스크 구입이 어려웠을 때 마스크를 구하기 위해 여기저기 약국을 돌아다니고 하루 종일 줄을 서 있다가도 헛걸음을 하고 돌아오는 일이 다반사였습니다. 이런 마스크 구매의 어려움을 해결하기 위해 컴퓨터 기술을 빌려 마스크 잔고가 있는 약국을 표시해 주는 앱이 생겨났고, 많은 사람들이 편리하게 마스크를 구입할 수 있었습니다. 컴퓨팅 사고력을 활용해 일상의 문제를 해결한 아주 우수한 사례입니다.

이제 컴퓨터는 우리의 일상이 되었고, 컴퓨터의 작동 원리를 이용해 우리가 겪는 문제를 좀 더 쉽게 해결하려면, 컴퓨터가 일을 처리하는 방법인 컴퓨팅 사고력을 이해하고 활용할 수 있도록 인간의 사고 능력을 개발하는 것이 필수가 된 세상입니다.

이런 사회 변화를 미리 예측한 선진국들은 발 빠르게 소프트웨어 교육을 필수 교육과정으로 도입하며 미래에 대비하였고, 우리나라도 2015개정교육과정에서 컴퓨팅 사고력을 갖춘 창의·융합 인재 양성을 소프트웨어 교육 목표로 삼았습니다. 2018년 중학교를 시작으로 초등학교 5~6학년 실과 과목에서 체험과 놀이 중심 활동으로, 중학교는 정보 과목에서 실생활 문제 해결 중심으로 한 필수 교과로, 고등학교는 진로와 연계한 활동 일반 선택 과목으로 학습 내용을 구성해 교육하고 있습니다.

실제 학교 현장에서는 관련 컴퓨팅 사고력을 교육할 교사와 교육 환경이 제대로 갖춰지지 않은 상황에서 교육과정을 적용하기에 어려운 부분이 많았고, 이는 사교육 시장에 코딩 교육 바람을 일으키며 교육의 부익부 빈익빈 현상을 불러오기도 하였습니다. 꼭 필요한 미래 교육이 학원으로 보내야 할 또 다른 내신 관리 과목으로 인식되고 있습니다.

컴퓨터의 논리적인 사고 처리 과정을 마치 컴퓨터 학원에 가서 각종 프로그램을 이용하여 단순 게임 프로그램을 만들거나 직접 제작하는 교육과정으로 생각하는 경향도

많았습니다.

    2015개정정보교육과정의 인재상은 "컴퓨팅 사고력을 가진 창의·융합 인재는 건전한 정보 윤리의식을 바탕으로 알고리즘과 프로그래밍을 체험하여 실생활의 다양한 문제를 이해할 수 있다. 또한 간단한 알고리즘을 설계하고 프로그램을 개발하여 창의적으로 문제를 해결할 수 있다. 효율적인 알고리즘을 설계하고 다양한 분야와 융합하여 문제를 해결할 수 있다"라고 정의되어 있습니다. 이를 실천하기 위해 꼭 컴퓨터 학원에 가지 않아도, 각종 코딩 프로그램을 사용하지 않아도, 디지털 기기가 없어도 집과 학교에서 간단히 컴퓨팅 사고력을 기를 수 있는 손쉬운 학습 방법을 소개하고자 했습니다. 보드게임을 통해 컴퓨팅 사고력의 구성 요소인 자료 수집, 자료 분석, 자료 표현, 문제 분해, 추상화, 알고리즘 및 자동화를 체험하며 미래 디지털 정보사회에 누구에게나 꼭 필요한 컴퓨터를 이용한 사고방식을 재미있게 경험해 보시길 바랍니다.

2020년 12월

박점희·김미성·이미은

차례

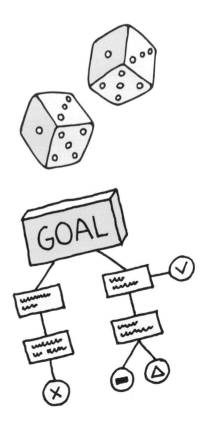

최초의 학습용 보드게임북!

학습 목표

컴퓨팅 사고를 통해 주장과 근거

→ 학습 목표를 확인하자.

준비물(활동 자료는 141쪽 참조)

OX 카드 6장, 주장 카드 6장,

순서도 게임판 말

→ 뒷면에 준비된 활동 자료를 잘라 준비한다. 이때 카드 사이즈에 맞는 OPP 비접착 봉투가 있다면 금상첨화. 두고두고 쓸 수 있는 교구를 갖게 된다.

학습 도움말

1. 학습 난이도 조절

→ 학습 도움말을 참고하여 학습 절차에 따라 진행하자. 사전 사후 교육에 대한 안내도 소개하고 있으니 꼼꼼히 확인!

활동지

알고리즘 순위 게임

→ 제대로 학습이 되었는지 확인이 필요하다. 그렇다면 학습 정리 페이지를 복사해서 나눠주자.

평가 루브릭

 자기-동료-교사 평가

수업을 마쳤다면, 스스로 평가하고, 동료 평가도 하고, 교사 관찰도 남기자. 학생 수 만큼 복사하여 사용하면 된다.

알고리즘 순위 게임 설명서

자세한 설명서가 제공된다. 교사가 설명하고 진행할 수도 있고, 학생 스스로가 이해한 것을 바탕으로 설명한 후 게임을 진행해도 좋다. 게임을 바탕으로 이루어지는 수업은 언제나 즐겁다.

 보드게임은 오프라인에서만 가능하다고?

온라인 수업에서도 보드게임은 소통의 도구로 활용이 가능하다.

1. 온라인 수업에서 보드게임 교구를 이용하고자 한다면, 스마트폰 카메라와 줌 프로그램을 활용해 보자. 컴퓨터를 통해 줌으로 접속하여 수업하는 경우, 스마트폰으로도 접속한다. 스마트폰으로 카메라를 공유하여 보드게임 교구를 비추며 수업하면 된다.

2. '알고리즘 순위 게임'의 경우, 선생님이 게임의 진행자가 되어 문제를 제시하고, 학생들에게 문제와 관련한 알고리즘을 선택하게 한 후, 각자 중요한 순서대로 번호를 선택하도록 해보자. 만약 영상을 제작하여 올리는 수업이라면, 선생님의 플레이를 보고 학생들이 알고리즘을 선택하고, 번호를 쓴 후, 그렇게 생각한 이유를 댓글 등의 방법으로 제출하도록 한다.

3. '컴퓨팅 사고력, 주장과 근거 게임'의 경우 선생님이 플레이어가 되어 한 문제를 풀어본다. 그리고 학생들에게 논제를 제공한 후 순서도에 따라 사고하고 이동하는 과정을 글로 기록하도록 한다.

1장

컴퓨팅 사고력의 정의

"상상해 보세요. 당신이 들어오기 전에 알아서 쾌적하게 만들고, 단지 물어보기만 해도 궁금증을 해결해 주고, 어디서나 손짓 하나만으로 귀찮은 일들을 대신 해주는, 그리고 원하는 대로 다 되면 즉시 알려주는, 이것이 우리의 삶을 더 쉽고, 더 지혜롭고, 더 나은 삶으로 만드는 방법입니다."

이 글은 어느 가전제품 회사가 자사의 스마트 가전을 소개하는 광고 카피다. 인공지능을 바탕으로 인간의 미래 사회를 그리고 있는 이 광고는, 인간의 지능을 갖춘 컴퓨터 또는 기계 시스템인 인공지능(AI)이 인간과 대화하는 모습을 보여준다. 이렇게 인간과 사물이 연결되어 소통하는 방식을 '사물인터넷(IoT)'이라고 한다. 이른 아침 침대에서 눈을 떴을 때 커튼을 열기 위해 직접 몸을 일으킬 필요가 없다. "커튼 열어줘"라는 한마디면 모든 것이 해결되는 시대를 맞이하게 된 것이다. 사물인터넷은 자동차,

가방, 냉장고 등 세상에 존재하는 모든 사물이 다양한 방식으로 서로 연결되어 구성된 인터넷을 말한다.

인공지능은 이제 인간의 감성과 창의력, 비판력을 요구하는 분야뿐 아니라 의료, 법률, 예술 영역에 이르기까지 다양하게 이용되고 있다. AI는 방대한 분량의 빅데이터를 분석하여 풀리지 않던 문제를 해결하기도 하고, 새로운 현상을 찾아내기도 한다. AI가 우리 주변에 스며들고 있는 시대를 4차 산업혁명 시대라고 한다. 여기에서 산업혁명은 산업, 정치, 사회, 문화 등에서 신기술을 통해 새로운 산업 생태계를 만들고, 그것이 인간의 삶을 영위하는 방식을 획기적으로 변화시킬 때 붙이는 개념이다.

제1차 산업혁명 18세기	제2차 산업혁명 19~20세기 초	제3차 산업혁명 20세기 후반	제4차 산업혁명 (제2차 정보혁명) 21세기 초반~
증기기관 기반의 기계화 혁명	전기에너지 기반의 대량생산 혁명	컴퓨터와 인터넷 기반의 지식정보 혁명	빅데이터, AI, IoT 등의 정보기술 기반의 초연결 혁명

4차 산업혁명은 증기기관과 기계화로 시작된 1차 산업혁명과 전기를 이용한 대량생산이 이끈 2차 산업혁명, 그리고 인터넷을 통한 컴퓨터 정보화와 자동화 생산 시스템이 주도한 3차 산업혁명 시대를 지나 로봇이나 인공지능을 통해 실제와 가상이 통합되어 나타나는 시대를 열고 있다. 4차 산업혁명은 인공지능과 로봇, 사물인터넷, 빅데이터 등을 통해 새로운 융합과 혁신이 빠르게 진행되고 있다. 학자들은 4차 산업혁명을 사람과 사물, 사물과 사물 사이의 연결에서 생산되는 데이터가 사물인터넷, 인공

지능, 로봇기술, 가상현실(VR) 등 정보 서비스의 기본이 되며, 이러한 기술 혁신이 물리 세계, 디지털 세계 등 모든 것과 융합되어 새로운 시대를 형성한다고 정의하였다. 즉, 4차 산업혁명은 인간과 사물을 포함한 모든 것들이 연결되어, 현실과 사이버 공간이 하나로 융합된 새로운 개념으로 보고 있다. 그래서 4차 산업혁명의 핵심을 '지능'과 '연결'로 보기도 한다.

2. 창의적 사고력

4차 산업혁명 시대에 중요한 것은 컴퓨팅 시스템의 기술을 활용하여 문제를 효율적으로 해결할 수 있는 절차적 사고 능력, 즉 창의적 사고력이다. 어떤 문제에 직면했을 때 문제를 발견하고, 문제를 질서 있게 정리하여, 그것을 해결하기 위한 정보를 수집하고, 정보의 결함이나 누락이 없도록 적절한 질문을 통해, 예측이나 가설을 세우고, 그것을 테스트하거나 평가하여, 문제를 해결해 나가는 능력을 모두 포함하고 있다. 즉, 하나의 문제에 나타날 수 있는 현상들을 연결하여 생각할 수 있는 능력, 그것을 우리는 창의적 사고력이라고 부른다.

창의적 사고가 필요한 이유는 나날이 발전하고 진화하는 기술과 눈뜨면 쏟아지는 새로운 미디어 속에서, '변화의 핵심을 읽어내고, 나는 어떤 선택을 해야 하며, 미래를 위해 무엇을 준비할 것인가'를 생각할 수 있어야 하기 때문이다. 즉, '구슬이 서 말이라도 꿰어야 보배'라는 말과 같이 우리 주변에 널려 있는 정보들 속에서 나에게 필요한 것들을 가려내고, 그것들을 잘 연결하여, 생활 속에서 잘 활용할 수 있어야 한다.

이러한 창의적 사고 능력을 향상하기 위해서는 다음의 4가지 능력을 향상해야 한다.

첫째, '어떤 문제가 발생할 수 있을까?' 발생 가능한 문제 질문하기

둘째, '혹시 이런 건 아닐까?' 예측하고 추측하기

셋째, '그래, 이거야!' 독창적인 아이디어 도출하기

넷째, '만약 지금 나에게 일어난다면?' 현실과 연결하여 상상하기

하지만 이 4가지 능력을 향상하는 일이 쉬운 것은 아니며, 어느 순간 저절로 좋아지는 것도 아니다. 일단 우리는 질문하는 사람에게 인색한 편이다. 영아가 질문하면 신기해하며 기쁘게 대답해 주지만, 이후 연령에서 질문이 많으면 바로 답하기보다, '무슨 질문이 그렇게 많아?' '생각 좀 하고 말해'라고 대답을 회피한다. 물론 그렇게 대답하는 다양한 이유가 있겠지만 기본적으로 귀찮음이 크다. 학생들의 창의적 사고력을 향상하기 위해서는 이 귀찮음을 인내로 누르고 많은 생각과 다양한 정보를 공유해 주어야 한다.

또 다른 이유는 내 이야기는 하고 싶지만 남의 이야기는 별로 듣고 싶지 않기 때문이다. 타인의 이야기를 많이 들어야 간접경험이 쌓일 텐데, 대부분은 대화를 나누는 무리에서 내가 중심이 되어 대화를 이끌고 싶기 때문에 들어주기보다 말을 하는 편이다. 그러므로 말하고 싶어도 잠시 쉬고, 잘 들어주는 훈련을 할 필요가 있다. 실제 친구들 사이에서 인기 있는 학생도 남의 말을 잘 들어주는 사람이다.

정리해 보자면 창의적 사고를 위해 가장 필요한 것은 질문하는 능력을 키우는 것이다. 매번 타인을 통해 답을 얻기보다, 꼬리에 꼬리를 문 자기 질문을 통해 답을 찾아가도록 훈련해야 한다. 그러기 위해서는 다양한 직간접적 경험이 필요하며, 이를 통해 사고의 판단과 다름의 이유를 파악하고, 필요한 것을 하나로 연결해 보려는 노력이 따라야 한다.

창의적 사고력을 향상할 때 주의해야 할 것이 있다. 창의적 논술이 처음 대학 입시에 등장했을 때, 많은 학생들이 했던 실수가 무조건 새로운 것이기만 하면 된다는 생각으로 답안을 작성했던 것이다. 하지만 새로운 것이라도 타인이 공감하기 어렵고, 설득하기 어려운 것이라면 창의적 사고로 볼 수 없다. 그러므로 다양한 방법으로 창의적 사고 훈련을 해보아야 한다.

《공부습관을 잡아주는 초등일기》에 소개된 방법 가운데 한 가지를 사례로 창의적 사고를 해보자. 계절의 분류라는 문제를 정보 수집과 기간, 의식주 등 다양한 측면에서 정리하려고 노력하였음을 볼 수 있다.

	봄	여름	가을	겨울
기간	입춘(2월 4일경)	입하(5월 5일경)	입추(8월 7일경)	입동(1월 7일경)
의	두꺼운 외투 벗음 밝은 색상	얇고 짧은 옷 샌들 신음	긴 소매의 옷 색상 진해짐	내의, 목도리 착용 두꺼운 외투
식	봄나물	보양식 미역오이냉국	햇과일 햅쌀과 햇곡식	동치미 김장김치
주	건조한 날씨로 집 안도 건조함	무더위로 창과 방문 열고 지냄	더위가 물러나 창문을 닫게 됨	따뜻한 온돌과 난방기구 사용
생활	나물 캐기 모내기 봄맞이 대청소	보리 수확 여름 과일 수확 선풍기, 에어컨 사용	추수 채소, 과일 거둠	휴식 비닐하우스 농사 월동준비
행사	결혼 이사	방학 휴가	운동회	김장
놀이	쥐불놀이 농악놀이 꽃구경	창포 머리 감기 천렵	강강술래 단풍 구경	썰매 타기 눈싸움 스키

날씨	꽃샘추위 춘곤증 겨울잠에서 깸 황사현상	장마 온도 높음 열대야 집중호우	심한 일교차 가을장마 천고마비 서리 내림 안개 낌	추운 날씨 건조함 눈 내림 강한 바람

첫째, 발생 가능한 문제 질문하기 '어떤 문제가 발생할 수 있을까?'	사람들이 좋아하는 계절이 다를까? 여자는 봄, 남자는 가을이라는 말이 맞을까?
둘째, 예측하고 추측하기 '혹시 이런 건 아닐까?'	봄에는 꽃이 피고 따뜻한 햇살도 있어서 여자는 봄이라고 하는 것은 아닐까?
셋째, 독창적 아이디어 도출하기 '그래, 이거야!'	어떤 계절을 좋아하는가에 대한 것은 계절을 남자와 여자로 나누는 것보다, 사람마다 좋아하는 선호도에서 차이가 나기 때문이다.
넷째, 현실과 연결하여 상상하기 '만약 지금 나에게 일어난다면?'	나는 어떤 계절을 좋아하고 있었지? 나는 왜 그 계절을 좋아하고 있었던 거지? 나는 다른 계절을 좋아할 가능성은 없나?

3. 생각을 연결하는 알고리즘

여기에서 연결에 필요한 것이 알고리즘이다. 9세기 아랍의 수학자인 알 콰리즈미(Al-Khowarizmi)의 이름에서 유래한 알고리즘은 간단하게는 문제 해결을 위한 절차, 방법, 명령어라고 정의할 수 있다. 좀 더 쉽게 설명하자면, 어떤 문제를 해결하기 위해 입력된 정보를 논리적으로 나열하는 절차, 그것에 의해 생각을 밖으로 출력하는 형식이나 구조 등의 방법, 그리고 그 속에 담긴 주제어, 즉 명령어를 통틀어 알고리즘이라고 한다. 넓게는 사람에 의해 정리되기도 하고, 좁게는 컴퓨터 프로그래밍 언어를 통해 처리되기도 한다. 같은 문제라도 알고리즘에 따라 속도의 차이가 나며, 결과의 차이가 발생하기 때문에 효율적으로 구성하기 위해 고안되었다. 미국의 논리학자 겸 컴퓨터 과학자인 로버트 코왈스키(Robert Kowalski)는 이러한 알고리즘을 '논리(지식)와 통제(전략)로 구성되어 있다'고 말하기도 했다.

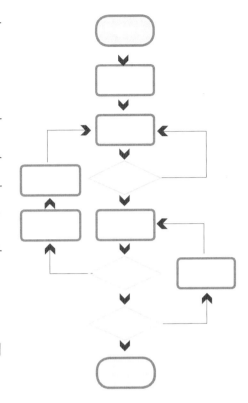

엄마가 아프셔서 내가 가족의 양말을 정리하게 되었다고 가정해 보자.

가장 먼저 무엇부터 해야 양말을 빠른 시간에 정리할 수 있을까?

· 비슷한 색깔끼리 모으기(노랑끼리)

· 유사한 모양끼리 모으기(목 짧은 양말끼리)

· 크기에 따라 모으기(큰 것 먼저)

· 누구의 것인지 아는 것끼리 모으기(내 것부터)

· 눈에 보이는 같은 양말끼리 모으기(같은 짝)

여기에서 '색깔, 모양, 크기, 누구, 같은 양말'이 알고리즘이 된다. 우리는 이 알고리즘을 동시에 처리할 수도 있다. 노랑은 노랑끼리 모으면서, 짝이 맞는 양말은 짝끼리 모으고, 아빠의 양말이 확실한 것은 첫 번째 자리에 분리하여 놓을 수 있다. 하지만 이렇게 여러 가지를 한꺼번에 처리하면, 일을 능률적으로 처리할 수 없다. 그러므로 어떤 일을 동시에 해야 할 때, 일에 우선순위를 두어 무엇을 먼저 할 것인지를 정하는 조건과 순서 등의 방법을 찾아야 한다. 이것 역시 알고리즘이다.

① 눈에 보이는 같은 양말(짝)끼리 정리하기
② 짝끼리 정리한 양말은 누구의 것인지에 따라 분류하여 내려놓기
③ 짝끼리 분류하고 나면 비슷한 색깔끼리 분류하기
④ 비슷한 색깔끼리 분류가 끝나면 유사한 모양끼리 분류하기
⑤ 다시 같은 모양의 양말을 찾아 정리하기
⑥ 누구의 것인지에 따라 분류하여 내려놓기

알고리즘을 만드는 것은 주어진 상황에서 문제를 발견하고, 질서 있게 정리하여, 문제를 해결하기 위해 설계하는 창의적 사고가 된다. 알고리즘은 위와 같이 자연어로 나타내기도 하고, 순서도로 정리하기도 하고, 가상 코드나 프로그래밍 언어로 표현하기도 한다.

이러한 알고리즘은 정리하는 사람의 경험치에 따라, 어떤 순서로 정리하느냐에 따라, 얼마나 많은 정보를 입력하였는가에 따라 다른 결과를 가져오기도 한다. 가령 앞의 알고리즘을 다음과 같이 나열했다고 생각해 보자.

① 양말을 분류한다.

② 짝을 맞춘다.

③ 사람에 따라 분류한다.

물론 이렇게 작성해도 양말을 정리할 수 있다. 하지만 양말을 어떻게 분류해야 하는지에 대한 명확한 기준을 알 수 없어서 다시 고민해야 할 것이다. 이렇게 사람마다 가진 경험의 차이 또는 표현 능력의 차이로 인해 문제가 발생할 수 있다. 마치 어느 외국인이 라면 봉지 겉면에 적힌 '끓는 물 500ml를 준비하기 위해, 커피포트에 물 500ml를 담고 끓였다는 것과 같다. 누구나 쉽게 이해할 수 있도록, 논리정연하게 생각을 정리하여, 오류가 발생하는 문제를 최소화해야 한다. 그러기 위해서는 단순한 문제라도 다양한 정보를 수집해야 하는데, 이렇게 다양하게 모인 많은 정보가 빅데이터가 된다. 이러한 데이터는 사람들의 위치 정보와 SNS 등을 기반으로 행동과 생각까지 분석하고 예측한다. 이름만 넣어도 나의 성격이나 심리를 파악하는 테스트나 내가 과거에 클릭해서 본 쇼핑 품목이나 유튜브 영상이 추천으로 제공되는 것이 그러한 기술을 적용한 것이다.

유튜브의 경우 정확한 알고리즘은 자사의 영업 비밀에 해당하므로 우리가 알 수는 없지만, '좋아요' 클릭 수, 주요 키워드 수, 생중계 영상, 시청 시간이 긴 영상 등이 상위에 올라간다는 사실은 짐작할 수 있다. 네이버와 다음과 같은 인터넷 플랫폼 역시 알고리즘을 어떻게 구성하느냐에 따라 특정 상품을 우선적으로 노출하거나, 특정한 뉴스가 상위에 올라가기도 한다. 두 플랫폼의 경우 기사 배열 알고리즘을 통해 이용자가 선호하는 것이 상위에 노출되도록 '맞춤형'으로 배열한다. 즉, 알고리즘을 어떻게 입력하였느냐에 따라, 봐야 할 정보보다 사람들이 좋아하고 원하는 정보가 상위에 노출되도록 구동된다는 의미다. '인공지능이 알고리즘을 체크하기 때문에 인위적인 개

입이 있을 수 없다'라고 말하지만, 실제 알고리즘을 정리하고 입력하는 것은 모두 사람의 일이라는 점에서 알고리즘이 중립적이거나 투명하지 않으며, 한쪽으로 치우친 정보를 제공하고 있다고 보아야 할 것이다. 그 때문에 '알고리즘 윤리'나 '알고리즘 검토'에 대한 이야기가 끊임없이 나오고 있다.

4. 코딩

우리는 앞에서 양말을 정리하는 알고리즘을 만들어보았다. 알고리즘은 사실 문제를 풀기 위한 계산 방법을 가리키는 용어로 출발했지만, 실제 컴퓨터 용어로 더 많이 사용되고 있다. 이렇게 컴퓨터 용어로 사용되는 알고리즘을 제대로 알기 위해서는 컴퓨터 언어인 코딩을 이해할 필요가 있다.

코딩은 프로그래밍과 같은 뜻으로 사용되고 있다. 하지만 코딩은 인간의 명령을 컴퓨터가 이해할 수 있는 프로그래밍 언어(C언어, 자바, 파이썬 등)로 입력하는 과정을 뜻하고, 프로그래밍은 이러한 언어를 사용하여 프로그램을 만드는 것이라는 점에서 차이가 있다. 앞서 광고 카피에서 말하는 가전제품 외에도 다양한 기기들이 프로그램에 의해 가동되고 있다. 이렇게 프로그램이 작동할 수 있도록, 기계가 이해할 수 있는 언어로 명령하는 것이 코딩이다.

코딩은 4차 산업혁명 시대의 주역인 사물인터넷, 인공지능, 로봇기술, 가상현실 등의 바탕이 되는 기술이다. 이미 선진국들은 코딩을 정규 과정에 편입시켜 교육을 실시하고 있으며, 우리나라도 2018년부터 초중고등학교에서 소프트웨어 교육을 의무화하고 있다.

그렇다면 코딩, 즉 컴퓨터 언어는 어떻게 생겼을까?

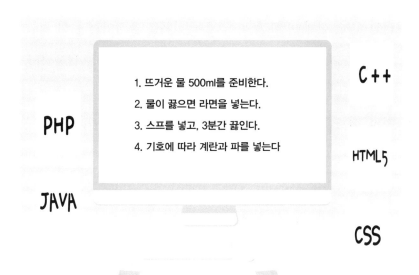

이전까지의 코딩은 컴퓨터를 통해 전문가만이 다룰 수 있는 영역이었다면, 현재는 초중고교에서 스크래치, 엔트리, 피지컬 컴퓨팅 등의 프로그램으로 코딩을 학습하고 있다. 그리고 현대의 코딩은 단순히 프로그램만을 짜는 것이 아니라, 문제에 접근하고, 문제가 요구하는 것을 찾고, 어떻게 해결할 것인지에 대해 사고하는 과정으로 확대되었다. 즉, 하나의 결과를 도출하기 위한 글쓰기, 그림으로 표현하기, 메이커 활동 등을 모두 코딩으로 본다. 이렇게 컴퓨터를 통하지 않고, 코딩을 경험하는 것을 '언플러그드 활동'이라고 한다.

언플러그드란 보통 음악에서 사용되는 용어로, 전기를 사용하지 않거나, 전자악기를 사용하지 않는 음악을 뜻한다. 여기에서 알 수 있듯이 언플러그드란 플러그를 뽑는다는 의미로, 컴퓨터 없이 컴퓨터 언어 구조를 이해하고, 컴퓨팅 사고를 하는 활동이다. 이 활동은 뉴질랜드의 컴퓨터 과학자 팀 벨(Tim Bell) 교수가 중심이 되어 컴퓨터가 없는 환경에서도 컴퓨터 과학 원리를 학습할 수 있도록 고안되었다. 프로그래밍의 기초 원리인 순차, 선택, 반복 등의 구조를 신체를 움직이는 놀이 활동이나, 블록이나 퍼즐 또는 보드게임과 같은 교구를 이용하기도 하고, 또는 글을 사용하여 학습하는 방식이다.

앞에서 보았던 양말을 정리하는 방법으로 언플러그드를 해보자.

· 양말 30켤레를 2세트 준비하고, A팀과 B팀이 경기하기
· 양말 한 짝이 그려진 카드 30개를 4세트 준비하고, 가팀과 나팀이 경기하기
· 양말을 가장 빨리 정리할 수 있는 방법을 그림으로 표현하기
· 양말을 가장 빨리 정리할 수 있는 방법을 글로 정리하기
· 양말을 가장 빨리 정리하는 방법을 순서도로 나타내기

여기서 순서도란 문제 해결에 필요한 것들을 올바른 순서에 따라 처리할 수 있도록, 기호를 써서 알고리즘을 나타낸 것을 말한다. 즉, 어떤 문제를 해결하는 데 필요한 여러 단계의 복잡한 과정들을 기호와 그림을 활용하여, 알고리즘을 알기 쉽게 나타낸 것이다. 순서도의 기호들은 모양에 따라 기능이 다르다.

기호	명칭	설명
⬭	단말	일의 시작과 끝을 나타낸다.
▱	자료	정보의 입력과 출력을 나타낸다.
▭	처리	작업의 처리를 나타내는 기호로 연산을 하거나, 자료의 값을 바꾸는 등 자료를 처리하는 기능을 한다.
◇	판단(=조건)	주어진 물음에 Yes/No로 답을 하고 비교하여 흐름을 결정한다.
⬡	준비	초깃값을 설정하는 등의 초기 설정과 준비 과정을 나타낸다.
▤	반복	정해진 수만큼 반복적으로 처리할 때 사용한다.
○	연결자	연결 지점을 표시한다.
→	흐름선	작업의 흐름을 나타낼 때 사용한다.

그럼 기호들을 이용하여 '라면 끓이기'에 대한 순서도를 구성해 보자.

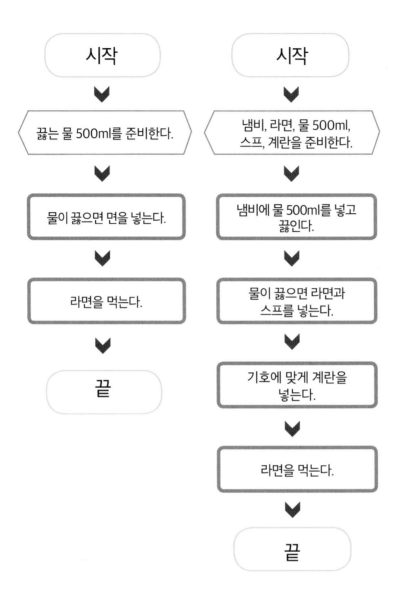

시작 → 끓는 물 500ml를 준비한다. → 물이 끓으면 면을 넣는다. → 라면을 먹는다. → 끝

시작 → 냄비, 라면, 물 500ml, 스프, 계란을 준비한다. → 냄비에 물 500ml를 넣고 끓인다. → 물이 끓으면 라면과 스프를 넣는다. → 기호에 맞게 계란을 넣는다. → 라면을 먹는다. → 끝

왼쪽과 오른쪽의 순서도는 경험에 의해 생긴 차이를 보여준다. 이 순서도는 57쪽에 도 한 번 더 나오니 꼭 비교해 보자.

"컴퓨팅 사고력은 표현 방법이다. 컴퓨팅 사고는 문제를 해결하는 과정이다."

– 시모어 페퍼트

컴퓨터와 같이 생각하는 것을 '컴퓨팅 사고력'이라 하고, 사람이나 기계가 효과적으로 수행할 수 있도록 문제를 정의하고, 그것에 대한 답을 찾을 수 있도록 논리적인 절차에 따라 사고 과정을 정리하는 방식을 의미한다.

컴퓨터 과학교수인 자넷 윙(Jeannette Wing)은 컴퓨팅 사고력을 "컴퓨팅의 핵심 개념을 기반으로 문제를 해결하고 시스템을 디자인하고 인간의 행동 양식을 이해하려는 접근 방법"이라고 정의했다. 윙은 컴퓨팅 사고력의 특징을 '프로그래밍이 아닌 개념화', '단순한 암기식 스킬이 아니라, 모든 사람이 알아야 할 근본적 내용', '컴퓨터가 아니라, 사람이 생각하는 방법'이라고 주장했다. 앞에서 살펴본 알고리즘 조작 의혹 사례들이 이것을 증명한다. 미국컴퓨터협회 산하 컴퓨터과학교사협의회는 컴퓨팅 사고력의 핵심 요소로, '자료 수집, 자료 분석, 자료 표현, 문제 분해, 추상화, 알고리즘 및 프로시저, 자동화, 시뮬레이션, 병렬화'를 꼽았다.

핵심 요소	내용
자료 수집, 자료 분석	해결해야 하는 문제와 관련된 자료를 분석하고, 특성에 맞게 논리적으로 조직화
자료 표현, 문제 분해, 추상화	자료 분석 과정을 이미지로 나타내고, 문제 해결 가능한 가장 작은 단위로 쪼개어 단순화시킴

알고리즘 및 프로시저	문제를 해결하거나 목표에 달성하기 위하여 수행하는 과정을 정리
자동화	컴퓨팅 시스템이 알고리즘을 수행할 수 있는 형태로 표현함
시뮬레이션	가능한 해결책을 식별하고, 테스트하고, 구현함
병렬화	작업을 동시에 수행할 수 있도록 구성함

이러한 핵심 요소를 바탕으로 활동의 목적에 따라 절차를 정리하면 된다.

컴퓨팅 사고의 궁극적인 목적은 문제의 답을 찾는 것이 아니라, 문제를 해결해 가는 과정에서 자신의 생각을 유창하게 표현하는 것이며, 그러한 과정을 통해 알고리즘적 사고를 확장시키는 것이다.

2장

컴퓨팅
사고력
보드게임

컴퓨팅 사고력을 놀이로 배우기

컴퓨팅 사고력을 어떻게 학습해야 가장 효율적일까? 학생들은 재미있는 것을 할 때 몰입하게 된다. 그래서 찾은 것이 놀이다. 놀이는 학습에 대한 부담을 덜어주고, 학습 속으로 끌어들이는 효과가 있다. 아이들은 보고, 듣고, 읽고, 경험한 것을 토대로 상상력을 발휘한다. 자신이 사회에서 만난 사람들을 떠올리며, 때로는 선생님이 되고 때로는 학생이 되기도 한다. 그리고 주변에 있는 책이 담장이 되기도 하고, 신문이 칼이 되는 것과 같이 원래의 사용 목적이 아닌 다른 것으로 변신하는 창의성을 발휘하기도 한다. 이렇게 놀다 보면 생각이 자라 있음을 발견하게 된다.

이러한 놀이의 역사를 보면, 고대 중국에서는 자식의 어리석음을 깨우치기 위해 바둑을 두게 하였고, 고대 인도에서는 자제들에게 통치술을 훈련시키기 위해 체스를 가르치기도 했다. 놀이 속에는 이렇듯 교육의 목적이 있다. 그러므로 우리가 놀이의 업그레이드 형태인 게임으로 교육을 진행하는 것은 어찌 보면 당연한 것이리라.

여기에서 중요한 것은, 우리는 교육을 목적으로 하고 있지만, 놀이와 같이 즐거워야 한다는 것이다. 학창 시절 세계 여러 나라의 수도를 외우기 위해, '징글벨(Jingle Bells)'이라는 노래의 가사를 바꿔 불렀던 것과 같이 말이다.

'미국 워싱턴, 영국에 런던, 프랑스 파리, 러시아 모스크바~'

이렇게 놀다 보면 자연스럽게 학습이 되도록 구성해야 하는데, 학습을 가장한 놀이를 한다면 학생들은 몰입하기 힘들 것이다. 그래서 교육용 게임을 개발함에 있어서 늘 놀이라는 측면을 최대한 활용하기 위해 고민하고 있다.

컴퓨팅 사고력, 알고리즘 게임

학습 목표

컴퓨팅 사고를 이해하고, 알고리즘 게임을 통해 생각을 정리할 수 있다.

- **지식정보 처리 역량**

  컴퓨팅 사고를 이해하고, 생각의 바탕이 되는 알고리즘을 안다.

- **창의적 사고 역량**

  문제를 해결하기 위한 과정을 이해하고, 이를 바탕으로 알고리즘을 정리할 수 있다.

- **의사소통 역량**

  자신의 생각을 타인이 이해할 수 있도록 효과적으로 표현한다.

준비물 (활동 자료는 68쪽 참조)

양말 카드 120장(60장씩 2세트), 알고리즘 카드 12장(6장씩 2세트), 순서 카드 12장(6장씩 2세트)

학습 절차

도입	**모둠 짓기** 4명을 한 모둠으로 구성한다.
진행1	알고리즘에 대한 내용으로 사전 수업을 진행한다. 알고리즘에 대한 설명은 이 책의 1장을 참고해도 좋고, 서점에서 판매되는 알고리즘 관련 책이나, EBS 또는 유튜브 등에서 알고리즘을 설명하는 영상을 함께 시청하는 것도 좋다.
진행2	게임의 최종 목표는 알고리즘을 이해하는 것이고, 이를 어떻게 구성하고 설계하는가에 따라 결과가 다를 수 있음을 경험하는 것이다. 실제 수업에서는 게임에서 끝나는 것이 아니라, 게임을 통해 다양한 경험을 공유하는 것에 중점을 두면 좋다. 가령, 알고리즘 카드에서 누구 카드만 선택해서 정리한 팀과, 색깔로 나눈 뒤 누구를 진행한 팀의 결과는 어떻게 다르게 나타났는가? 또는 단계를 2단계로 설정한 팀과 4단계를 거친 팀의 결과는 어떻게 나왔는가? 정말 4단계를 거친 팀이 늦었는가? 이렇게 진행되기 위해서 반드시 지켜야 할 것은, 순서를 정한 대로 작업하여야 한다는 것이다. 가령 누구만으로 1단계를 설정하였을 경우, 누구 것인지 모두 안다고 전제하였을 때, 누구 칸에는 담겠지만, 같은 모양끼리 분류하기는 할 수 없다. 그리고 누구의 것인지 모르는 양말이 있는 경우, 어떻게 분류하여 확인할 것인지 순서를 설정하지 않았다면 이 역시 거기에서 멈춰야 한다. 순서 설정에 없는 것을 임의로 할 수는 없다. 이 원칙이 지켜져야 위와 같은 것에 대한 생각을 비교해 볼 수 있다.
마무리	앞에서 나눈 이야기를 바탕으로, 알고리즘 설정은 어떠해야 하는지에 대해 정리한다. 이 수업에서 중요한 것은 알고리즘 설정을 '순차적, 구체적, 명확하게' 해야 하는 이유를 아는 것이다. 수학 문제를 풀 때 공식을 생략하지 않고 써야 하는 것과 같다. 이렇게 게임을 통해 느꼈던 것을 글로 정리하며 스스로를 돌아보도록 지도하면 효과를 두 배로 거둘 수 있다.

1. 게임의 규칙 적용하기

학습자를 대상으로 게임을 진행할 때는 주의해야 할 것들이 있다. 이 게임에서 주의해야 할 것은 순서로 정한 것 외에, 다른 것을 첨가하여 실행하지 않도록 하는 것이다. 컴퓨터는 '0과 1', '예와 아니오' 외에 추가로 답변하거나 알아서 실행하는 것은 불가능하다는 것을 정확하게 인지시켜 주는 과정이 필요하다. 컴퓨팅 사고란 컴퓨터와 같이 사고하는 것에서 시작하므로, 우리 역시 순서에 입력한 것 외에는 실행하지 않아야 한다.

2. 게임에 스스로 정직하기

이 게임은 자신이 설계한 알고리즘 순서 그대로 진행하는 것과 정직하게 게임하는 것이 중요하다. 하지만 자신도 모르게 실행하기도 하고, 또는 하면 안 되는 걸 알면서 눈치껏 행동으로 옮기기도 한다. 이때 학생들을 속였다고 몰아세우기보다, 우리는 컴퓨터가 아닌 인간이기에 그동안의 생활 방식에 의해 임의로 진행하는 것들이 있을 수 있음과, 그렇게 하는 경우 제대로 된 값을 얻을 수 없음에 대해 이야기하자. 이유는 우리가 하는 게임이 단순히 승부를 가리기 위한 것이 아니라 교육에 목표를 두고 있기 때문이다.

3. 게임을 원활하게 진행하기 위해

진행1의 이론 과정에서 알고리즘에 대해 충분한 학습이 이루어져야 한다. 1장에서 양말을 주제로 설명한 것을 참고하면 된다. 그러나 이 게임이 양말로 작성되어 있기에,

양말에 관한 내용을 그대로 설명하면 게임에 흥미를 잃을 수 있다. 그러므로 다른 주제로 알고리즘을 학습하도록 구성하면 좋다.

가령 코딩에서 가장 많이 다루는 주제로, 집에서 학교까지 가는 다양한 방법 중 어떤 것이 가장 합리적인가에 대해 생각해 볼 수 있다. 이때 실제 동네 지도를 가지고 학습하거나, 광고 또는 사회과부도 등에 등장하는 마을 지도를 이용하면 된다.

이외에도 우리 동네 신호등이 켜지고 꺼지는 방식과 타이밍, 그리고 장애인이 신호등을 사용하는 방법 등에 대한 정보가 담긴 알고리즘 등 우리 생활 속에서 찾을 수 있는 다른 주제로 학습해 보아도 좋다.

컴퓨팅 사고력, 알고리즘 게임

1. 알고리즘이란 무엇인지 정리해 봅시다.

2. 우리 팀이 정한 양말 정리 순서 알고리즘을 기록해 봅시다.

3. 우리 팀이 정리한 순서 알고리즘에 대해 평가해 봅시다.

4. 게임 전에 가졌던 생각과 게임 후 생각의 변화 등을 글로 정리해 봅시다.

 자기-동료-교사 평가

1. 자기 평가에는 다음과 같은 내용을 떠올려 기록합니다.

• 게임 과정에서 잘한 것	• 게임 과정에서 좋았던 것	• 내 재능을 새롭게 발견한 것
• 내용에 대해 새롭게 발견한 것	• 감동 / 재미있었던 것	• 미래에 갖고 싶은 직업
• 더 알고 싶은 것(호기심)	• 친구에게 잘 설명한 것	• 어려움을 극복한 것(갈등 사례)

예) 나는 게임 과정에서 정보를 잘 분석하였다. (잘한 것→정보처리 능력, 분석력)

2. 동료 평가에는 다음과 같은 내용을 잘 관찰하여 기록합니다.

• 친구가 잘했다고 생각한 것	• 좋았다고 생각한 것	• 감동하고 만족한 것
• 평소와 다른 행동을 발견한 것	• 질문한 것	• 어려움을 극복한 것
• 협의하고 타협점을 찾은 것	• 어울릴 것 같은 직업	• 상대방에 대한 경청과 배려

3. 교사 평가는 교사가 게임 과정에서 발견한 내용을 기록합니다.

> • 게임 과정에서 교사가 구체적인 역량 요소를 관찰하여 발견한 경우
> • 게임 과정에서 학생이 교사에게 의미 있는 질문을 한 것
> • 교사가 정의적인 부분에서 칭찬할 만한 경우

게임 활동 평가

자기 평가	동료 평가	교사 평가

 평가 루브릭

가. 성취 역량 및 성취 기준

성취 역량	지식정보 처리 역량 : 컴퓨팅 사고를 이해하고, 이를 바탕으로 알고리즘을 구성할 수 있다.
	창의적 사고 역량 : 게임 과정에서 문제를 해결하기 위한 순서를 도출하고, 이를 바탕으로 알고리즘을 정리할 수 있다.
	의사소통 역량 : 게임 과정에서 전달하고자 하는 바를 상대에 따라 말할 수 있다.
성취 기준	문제를 해결하기 위해 정리하는 방법을 알고, 과정을 순서대로 정리한다.

나. 수업에 대한 루브릭

평가 요소	채점 기준		
알고리즘 정의의 이해	알고리즘의 뜻을 정확하게 이해하고, 문제 해결에 필요한 알고리즘의 규칙을 설명했다.	알고리즘이 무엇인지 이해하고, 문제 해결에 필요한 알고리즘을 설명했다.	문제 해결에 필요한 알고리즘으로 정리하지 못했다.
	4	2	0
문제 해결 과정의 이해	문제를 해결하는 과정을 순서대로 나열하고, 절차를 구체적으로 제시했다.	문제를 해결하는 과정을 순서대로 나열하고, 절차를 설명했다.	문제를 해결하는 과정을 제시하지 못했다.
	4	2	0
문제 해결에 대한 자세	문제 해결을 위해 순차적이고 논리적으로 생각해야 하는 이유를 알고, 스스로 평가하고 수정했다.	문제 해결을 위해 순차적이고 논리적으로 생각하려고 노력했다.	순차적이고 논리적으로 생각하는 노력이 미흡했다.
	7	4	1

다. 생활기록부 작성 예시

- '컴퓨팅 사고력, 알고리즘 게임' 활동에서 알고리즘이 문제 해결을 위한 절차, 방법, 명령어임을 알고, 문제를 해결하는 방식에서 우선순위를 정리하고, 우선순위에 따라 결과가 달라질 수 있음을 잘 분석하였음.
- '컴퓨팅 사고력, 알고리즘 게임' 활동에서 알고리즘이 문제 해결을 위한 절차, 방법, 명령어임을 알고, 문제를 해결하는 방식에서 우선순위를 정하려고 노력하였음.
- '컴퓨팅 사고력, 알고리즘 게임' 활동에서 알고리즘이 문제 해결을 위한 절차, 방법, 명령어임을 알고, 문제를 해결하는 방식에서 우선순위가 필요함을 인식하였음.

학습 목표

알고리즘을 이해하고, 알고리즘 선택에 따라 결과가 달라지는 이유를 설명할 수 있다.

- **지식정보 처리 역량**

  알고리즘을 이해하고, 알고리즘 값에 따라 결과가 달라짐을 안다.

- **창의적 사고 역량**

  문제를 해결하기 위한 과정을 이해하고, 알고리즘이 사고에 영향을 미침을 안다.

- **의사소통 역량**

  자신의 생각을 타인이 이해할 수 있도록 효과적으로 표현한다.

준비물(활동 자료는 117쪽 참조)

알고리즘 상황 카드 6장, 알고리즘 카드 36장, 순위 칩 35개, 알고리즘 획득 칩 60개

학습 절차

도입	**모둠 짓기** 4명을 한 모둠으로 구성한다.
진행1	알고리즘에 대한 내용으로 사전 수업을 진행한다. '알고리즘'으로 뉴스 검색을 하고 온라인 포털이 알고리즘을 조작하여 발생한 사건을 바탕으로 시작해도 좋다. 또는 알고리즘 연구자나 전문가의 이야기를 읽어도 좋다. 여기에서 알고리즘이 무엇이고, 알고리즘을 어떻게 조작하는지에 대해 이야기를 나눌 수 있다. 또는 한국언론진흥재단 빅카인즈(www.kinds.or.kr)의 검색·분석 활동을 통해서도 살펴볼 수 있다.
진행2	게임의 최종 목표는 알고리즘 선택에 따라 제공하는 정보의 순위가 달라질 수 있음을 아는 것이다. 그러므로 알고리즘 순위 맞히는 게임에서, 문제 상황에 따라 알고리즘을 선택한 출제자는 그렇게 선택한 이유를 밝혀야 한다. 이때 나머지 플레이어는 자신이 생각한 1순위 카드에 대해서만 이유를 설명하면 된다. 이 게임에서는 상대가 생각하는 순위를 맞히는 것이지만, 교사는 가장 많은 1을 받은 알고리즘이 무엇인지 물을 수 있다. 그리고 그 낱말이 가장 많은 1을 받은 이유를 생각하고, 알고리즘이 나와 우리에게 미치는 영향에 대해서도 생각해 보도록 질문할 수 있다. 각 모둠의 게임이 끝나면 모둠이 하나가 되어, 상황 카드 6개 가운데 한 가지를 선택하여, 적정한 알고리즘 5개를 정하고 발표하도록 지도할 수 있다.
마무리	이 수업에서 중요한 것은 알고리즘의 선택에 따라 결과가 어떻게 달라질 수 있는지를 아는 것이다. 그러므로 생산자의 입장과 소비자의 입장에서 알고리즘이 어떻게 달라질 수 있는지에 대해서도 생각해 보도록 한다. 앞에서 나눈 이야기를 바탕으로, 알고리즘 설정은 어떠해야 하는지에 대해 정리하도록 한다.

1. 알고리즘 이해하기

알고리즘의 정의는 명확하지 않다. 앞서 양말의 사례에서 '색깔, 크기' 등도 알고리즘이지만, 그것을 정리하는 방법도 알고리즘에 해당한다는 것을 인지해야 한다. 그래서 보편적으로 가장 먼저 익히는 활동이, 학교에서 집까지 가는 방법 나열하기다. 가령 학교 정문에서 오른쪽 방향으로 마트를 지나고 우회전해서 놀이터를 지나갈 수도 있지만, 왼쪽 방향으로 출발해서 문구점과 유치원을 지나 왼쪽으로 갈 수도 있다. 이러한 과정은 더 나은 선택을 하기 위한 것이라고 볼 수 있다. 양쪽 다 아무런 문제가 없다면, 움직인 횟수가 적은 것이, 즉 짧게 이동한 것이 합리적인 선택일 것이다. 그러나 위험 요소나 일방통행 등과 같은 것이 삽입된다면 결과는 달라질 수 있다. 그러므로 간단한 길찾기를 통해 알고리즘의 기본을 익혔다면, 문제 상황이 제시된 길찾기를 해 보는 것도 사고력 발달에 좋은 방법일 수 있다. 이때 학습자 수준에 알맞은 문제 상황을 제시하는 것이 좋다.

2. 생활 속 주제로 놀이하듯 알고리즘 알기

이 게임은 알고리즘이 나와 우리, 즉 진행1에서 학습하게 되는 내용과 같이 사회에 미치는 영향에 대해 아는 것이 목표다. 그러기 위해서는 평상시 놀이에서 어떤 알고리즘이 사용되었는지를 살펴보는 것도 좋다.

가령 실시간이 아니라 콘텐츠 제공 온라인 수업일 때, 학생들은 어떤 알고리즘을 기반으로 수업을 듣는지 이야기해 볼 수 있다. 실제 중학생들의 자유학기제 수업 당시, 6교시에 있는 선택 수업(미디어 수업)을 가장 먼저 듣고, 9시에 과제를 올리는 친구들이 있었다. 학생들은 부담이 적은 과목부터, 대충 봐도 되는 과목부터, 쉬운 과목부터, 좋아하는 과목부터 듣는다는 것이다. 그리고 중요한 수학과 과학의 경우, 정신 집중이 잘 되는 10시 이후 12시 이전에 듣는다는 것을 알았다. 이처럼 자신의 생활 속에서 무언가를 선택할 때 어떤 알고리즘을 사용하고 있는지에 대해 생각할 수 있도록 지도한다. 물론 이러한 과정이 놀이로 진행된다면, 수다를 떨듯 가볍게 진행되어야 하며, 알고리즘 선택이 나에게 어떠한 결과를 가져오는지에 대해서도 가볍게 생각할 수 있도록 지도한다. 그래야 성공이나 실패와 같은 부담에서 벗어나 즐겁게 놀이하듯 알고리즘을 익힐 수 있다.

3. 게임을 원활하게 진행하기 위해

학습자들의 경험은 개개인이 다르다. 그러므로 학습자들이 학교 내에서 또는 가정 내에서 또는 현재 학습하고 있는 환경 속에서 공통으로 가지고 있는 경험이 무엇일까를 생각해 보고, 그것을 토대로 학습을 구성하는 것이 좋다.

알고리즘 순위 게임

1. 알고리즘의 순위가 우리 생활에 미치는 영향에 대해 써봅시다.

2. 게임에서 알게 된 알고리즘 가운데 기억에 남는 알고리즘을 3개 정도 쓰고, 이유도 함께 기록해 봅시다.

3. 생산자와 소비자가 선택하는 알고리즘에 대해 정리해 봅시다.

4. 게임 전에 가졌던 생각과 게임 후 생각의 변화 등을 글로 정리해 봅시다.

 **자기-동료-교사 평가**

1. 자기 평가에는 다음과 같은 내용을 떠올려 기록합니다.

• 게임 과정에서 잘한 것	• 게임 과정에서 좋았던 것	• 내 재능을 새롭게 발견한 것
• 내용에 대해 새롭게 발견한 것	• 감동 / 재미있었던 것	• 미래에 갖고 싶은 직업
• 더 알고 싶은 것(호기심)	• 친구에게 잘 설명한 것	• 어려움을 극복한 것(갈등 사례)

예) 나는 게임 과정에서 정보를 잘 분석하였다. (잘한 것→정보처리 능력, 분석력)

2. 동료 평가에는 다음과 같은 내용을 잘 관찰하여 기록합니다.

• 친구가 잘했다고 생각한 것	• 좋았다고 생각한 것	• 감동하고 만족한 것
• 평소와 다른 행동을 발견한 것	• 질문한 것	• 어려움을 극복한 것
• 협의하고 타협점을 찾은 것	• 어울릴 것 같은 직업	• 상대방에 대한 경청과 배려

3. 교사 평가는 교사가 게임 과정에서 발견한 내용을 기록합니다.

• 게임 과정에서 교사가 구체적인 역량 요소를 관찰하여 발견한 경우 • 게임 과정에서 학생이 교사에게 의미 있는 질문을 한 것 • 교사가 정의적인 부분에서 칭찬할 만한 경우

게임 활동 평가

자기 평가	동료 평가	교사 평가

 평가 루브릭

가. 성취 역량 및 성취 기준

성취 역량	지식정보 처리 역량 : 알고리즘을 이해하고, 알고리즘의 선택에 따라 달라지는 결과와 사회에 미치는 영향을 사고할 수 있다.
	창의적 사고 역량 : 게임 과정에서 문제를 해결하기 위한 순서를 도출하고, 이를 바탕으로 알고리즘을 정리할 수 있다.
	의사소통 역량 : 생산자와 소비자의 알고리즘 선택에 대해, 자신의 생각을 조리 있게 말할 수 있다.
성취 기준	알고리즘의 정의를 이해하고, 미디어가 알고리즘에 의해 제공됨을 알고, 비판적으로 이용할 수 있다.

나. 수업에 대한 루브릭

평가 요소	채점 기준		
알고리즘 정의의 이해	알고리즘의 뜻을 정확하게 이해하고, 문제 해결에 알고리즘이 어떻게 사용되는지 설명했다.	알고리즘을 이해하고, 문제 해결에 알고리즘이 사용됨을 설명했다.	문제 해결에 알고리즘이 사용됨을 설명하지 못했다.
	4	2	0
알고리즘 생성의 이해	문제를 해결하는 과정에서 필요한 알고리즘을 합리적으로 선택하고, 이유를 구체적으로 제시했다.	문제를 해결하는 과정에서 필요한 알고리즘을 합리적으로 선택하고자 노력했다.	문제를 해결하기 위한 알고리즘을 제시하지 못했다.
	4	2	0
알고리즘 영향력 이해	알고리즘 선택에 따라 결과가 어떻게 달라질 수 있는지를 논리적으로 사고하고, 스스로의 생활 속 알고리즘을 평가했다.	알고리즘의 선택에 따라 결과가 달라질 수 있음을 인식했다.	알고리즘의 선택에 따라 결과가 달라질 수 있음을 인식하는 것이 미흡했다.
	7	4	1

다. 생활기록부 작성 예시

- '알고리즘 순위 게임' 활동에서 알고리즘이 문제 해결을 위한 절차, 방법, 명령어임을 알고, 문제를 해결하는 방식에서 어떤 알고리즘을 선택하고, 그것의 순위를 어떻게 정하느냐에 따라 결과가 달라질 수 있음을 잘 분석하였음.
- '알고리즘 순위 게임' 활동에서 알고리즘이 문제 해결을 위한 절차, 방법, 명령어임을 알고, 문제를 해결하는 방식에서 알고리즘을 도출하려고 노력하였음.
- '알고리즘 순위 게임' 활동에서 알고리즘이 문제 해결을 위한 절차, 방법, 명령어임을 알고, 문제 해결에 알고리즘이 쓰인다는 것을 인식하였음.

컴퓨팅 사고를 통해 주장과 근거를 순차적으로 생각하고 표현할 수 있다.

지식정보 처리 역량

컴퓨팅 사고를 이해하고, 문제 상황에 맞는 정보를 수집한다.

창의적 사고 역량

문제를 해결하기 위한 과정을 이해하고 전략적으로 사고한다.

의사소통 역량

자신의 생각을 타인이 이해할 수 있도록 효과적으로 표현한다.

준비물(활동 자료는 141쪽 참조)

OX 카드 6장, 주장 카드 6장, 근거 카드 6장, 설득 성공 칩 36개, 토론 논제 카드 12장, 사고력 순서도, 말

학습 절차

도입	**모둠 짓기** 4명을 한 모둠으로 구성한다.
진행1	주장과 근거에 대해 학습한다. 주장과 근거는 토론뿐 아니라 논설문이나 주장문 등에서 사용된다. 대체로 다른 사람을 설득할 목적으로 쓰는 글이나 말에서 자신의 주장을 뒷받침하기 위해 사용한다. 가령 유명 연예인의 병역의무와 관련하여 자신의 주장을 찬성과 반대 중 하나로 정하고, 그렇게 생각한 이유를 근거로 제시하면 된다. 이러한 주장을 하기 위해서는 문제 상황을 제대로 파악해야 한다. 가령 병역특례란 무엇이며, 누구에게 어떤 이유로 혜택을 주는지에 대해 살펴봐야 한다. 그리고 그것을 바탕으로 다양한 입장이 있을 수 있음을 이해하고, 신문이나 인터넷 또는 통계 자료나 경험을 통해 주장을 뒷받침할 수 있는 자료를 찾아야 한다. 그래야 타인을 설득할 수 있다. 하지만 대부분의 학생들은 문제 상황에 대해 제대로 고민하지 않고 즉흥적으로 결정하는 경우가 많다. 그러므로 컴퓨팅 사고력을 바탕으로 설득을 위한 과정을 학습하고자 한다. 게임에 필요한 토론 논제 카드를 바탕으로 학생 스스로 근거가 될 수 있는 정보들을 수집하도록 한다.
진행2	게임의 최종 목표는 게임이 제공하는 순차적인 물음에 따라 생각하는 과정을 익히는 것이다. 이 게임은 자칫 단순한 주장과 근거를 복잡하게 꼬아놓은 것으로 보일 수 있지만, 실제로는 생각의 과정을 한눈에 볼 수 있도록 풀어놓은 것이다. 학생들은 수학의 연산과 같이 머릿속으로 해결하는 것이 많아서 오류가 발생하기도 하고, 이해되지 않거나 어려운 것은 일단 생략하고 다음으로 진행하기에 문제를 해결할 수 없기도 한다. 또한 어떤 것을 생각해 보아야 하는지를 잘 모르기에 그러한 문제가 발생하기도 한다. 그러므로 게임을 통해, 대충이 아니라 순서도의 과정 하나하나에 성실하게 답하여야 한다. 이것이 컴퓨팅 사고다. ◇ 의 질문에 '예' '아니오'로 답하고, ☐ 의 명령에 따라 이야기해야 한다. 만약 말하지 못하면 순서는 다음 사람에게 넘어간다. 마지막 단계에서 '두 번의 주장하기가 끝났는가'는 한 가지 논제에 대해 두 번의 주장 기회가 있음을 의미하며, 한 번의 기회를 사용하여 설득 칩을 획득하였다면 새로운 논제로 이동할 수 있다. 그러나 한 번의 기회로 설득 칩을 1장도 획득하지 못하였다면, 두 번의 주장 기회가 있으므로 한 번 더 근거를 사용하여 주장을 펼칠 수 있다. 이때 설득 성공 여부는 반대편의 주장을 꺾었는가가 아니라, 순서도 단계대로 사고하여 근거를 제시하였는가 하는 것이다. 그러므로 무조건 설득 실패로 처리할 경우 자신도 그러한 판정을 받을 수 있음을 알아야 한다.

마무리	이 수업에서 중요한 것은 순차적인 물음에 따라 제대로 사고하는 방법을 아는 것이다. 그러므로 자신이 진행1에서 찾은 자료를 바탕으로 진행2의 게임에서 제대로 쓰였는지를 점검해 보도록 한다. 가령 앞 시간에 찾은 정보가 부실하여 근거를 제시할 수 없었던 것은 아닌지, 또는 한쪽으로 치우쳐서 상대를 설득할 수 없었던 것은 아닌지 점검하고 정리한다.

학습 도움말

1. 학습 난이도 조절

이 게임에 제시된 토론 논제 카드는 지나간 사건 가운데 학생들이 이해할 수 있는 사건들로 선별하여 논제로 정리하였다. 그러나 더 쉽고 흥미로운 논제는 시의성이 있는 질문일 것이다. 그러므로 토론 논제 카드에 제시된 논제보다 최근 이슈가 되고 있는 것을 선택하거나, 학교 내에서 발생하고 있는 사안에 대해 논제를 제시하여도 좋다.

또는 학생들이 논제를 선택하게 하여, 직접 토론 논제 카드를 만들어 사용하여도 좋다. 이럴 경우 자신들이 만든 카드이기에 더욱 열심히 참여한다는 장점이 있다.

2. 찬성과 반대 교대로 경험하기

학생들은 논제와 관련하여 찬성이나 반대 입장에서 주장을 뒷받침할 근거의 경험이 부족한 편이다. 그러므로 게임 방법을 바꾸어 자신의 주장과 같은 입장에서만 이야기하기보다, 한 번은 찬성의 입장에서 이야기하고, 두 번째는 반대의 입장에서 이야기하기로 바꾸어 게임해 보아도 좋다.

다시 말해 이 게임의 마지막 단계 '두 번의 주장하기가 끝났는가?'에서, 한 번은 찬성에 대한 근거를 제시하고, 두 번째는 반대에 대한 근거를 제시하면 된다. 이 경우 순서도의 마지막 부분을 수정해야 하지만, 학생들이 이해할 수 있도록 설명하면 된다. 중요한 것은 '근거를 생각한다 - 근거가 무엇(개인, 집단, 정치, 제도 등)에 유리한지 찾았는가? - 어떤 점이 유리한지 찾았는가? - 찬성(반대) 근거를 정리한다 - 문장 카드를 이용하여 주장과 근거를 말한다'의 순서로 사고하고 말하는 과정이다. 그러므로 이 과정을 제대로 이행할 수 있도록 해주면 된다.

3. 게임을 원활하게 진행하기 위해

앞의 진행2에서도 언급한 바 있지만, 설득 성공에 대한 규칙을 명확하게 정할 필요가 있다. 이기겠다는 생각으로 주장에 알맞은 근거를 제시하였는데도, 설득 성공 칩을 주지 않는 것은 이 게임의 기본적인 규칙을 무시한 것이라고 할 수 있다. 그러므로 이 기준에 대해 반드시 이야기한다.

컴퓨팅 사고력, 주장과 근거 게임

1. 토론 논제 카드의 질문을 쓰고, 찬성과 반대 등의 정보를 스크랩해 봅시다.

2. 토론 논제 카드의 질문을 쓰고, 찬성과 반대 등의 정보를 스크랩해 봅시다.

3. 토론 논제 카드의 질문을 쓰고, 찬성과 반대 등의 정보를 스크랩해 봅시다.

4. 게임의 과정에서 알게 된 것이나 게임을 통해 느낀 점 등을 써봅시다.

 **자기-동료-교사 평가**

1. 자기 평가에는 다음과 같은 내용을 떠올려 기록합니다.

• 게임 과정에서 잘한 것	• 게임 과정에서 좋았던 것	• 내 재능을 새롭게 발견한 것
• 내용에 대해 새롭게 발견한 것	• 감동 / 재미있었던 것	• 미래에 갖고 싶은 직업
• 더 알고 싶은 것(호기심)	• 친구에게 잘 설명한 것	• 어려움을 극복한 것(갈등 사례)

예) 나는 게임 과정에서 정보를 잘 분석하였다. (잘한 것→정보처리 능력, 분석력)

2. 동료 평가에는 다음과 같은 내용을 잘 관찰하여 기록합니다.

• 친구가 잘했다고 생각한 것	• 좋았다고 생각한 것	• 감동하고 만족한 것
• 평소와 다른 행동을 발견한 것	• 질문한 것	• 어려움을 극복한 것
• 협의하고 타협점을 찾은 것	• 어울릴 것 같은 직업	• 상대방에 대한 경청과 배려

3. 교사 평가는 교사가 게임 과정에서 발견한 내용을 기록합니다.

- 게임 과정에서 교사가 구체적인 역량 요소를 관찰하여 발견한 경우
- 게임 과정에서 학생이 교사에게 의미 있는 질문을 한 것
- 교사가 정의적인 부분에서 칭찬할 만한 경우

게임 활동 평가

자기 평가	동료 평가	교사 평가

 평가 루브릭

가. 성취 역량 및 성취 기준

성취 역량	지식정보 처리 역량 : 컴퓨팅 사고를 이해하고, 문제 상황에 맞는 정보를 다양한 입장에서 수집했다.
	창의적 사고 역량 : 문제를 해결하기 위한 과정을 이해하고, 게임 과정에서 전략적인 사고를 하여 주장을 펼쳤다.
	의사소통 역량 : 컴퓨팅 사고의 절차에 따라, 자신이 조사한 내용을 토대로, 친구들이 이해할 수 있도록 발표했다.
성취 기준	컴퓨팅 사고의 정의와 순차적으로 사고하는 것이 필요함을 이해하고 그것을 주장과 근거를 찾는 활동에 이용할 수 있다.

나. 수업에 대한 루브릭

평가 요소	채점 기준		
순차적 과정의 컴퓨팅 사고, 정의의 이해	순차적 과정의 컴퓨팅 사고를 이해하고, 주장과 근거를 순서도에 따라 순차적으로 사고했다.	순차적 과정의 컴퓨팅 사고를 이해하고, 순서도에 따라 사고하려고 노력했다.	순차적 과정의 컴퓨팅 사고를 이해하였으나, 순차적 사고가 어려웠다.
	4	2	0
설득을 위한 주장과 근거 이해	설득을 위해 합리적인 근거가 뒷받침되어야 함을 알고, 주장에 알맞은 근거를 구체적으로 제시했다.	설득을 위해 합리적인 근거가 뒷받침되어야 함을 알고, 알맞은 근거를 제시하려고 노력했다.	설득을 위해 근거를 제시하였지만, 설득이 어려웠다.
	4	2	0
근거를 찾는 기준의 이해	미디어로 수집한 정보를 바탕으로, 그것이 무엇(개인, 집단, 정치, 제도 등)에 어떻게 유리한지 정확하게 분석했다.	미디어로 수집한 정보를 바탕으로 근거를 찾고 분석하려고 노력했다.	수집한 정보를 분석하는 능력이 부족했다.
	7	4	1

다. 생활기록부 작성 예시

- '컴퓨팅 사고력, 주장과 근거 게임' 활동에서 논제에 대한 자료를 구체적으로 수집하고 분석하였으며, 순차적 사고의 과정을 알고, 주장과 근거를 순차적으로 제시하여 설득하였음.
- '컴퓨팅, 주장과 근거 게임' 활동에서 논제에 대한 자료를 적절하게 수집하였으며, 순차적 사고의 과정에 따라 주장과 근거를 제시하였음.
- '컴퓨팅, 주장과 근거 게임' 활동에서 논제에 대한 자료를 적절하게 수집하려고 노력하였으며, 순차적 사고의 과정에 따라 주장과 근거를 제시하려고 노력하였음.

컴퓨팅 사고를 이해하고, 문제 상황을 해결할 수 있는 방법을 순서도를 활용하여 설명할 수 있다.

지식정보 처리 역량

컴퓨팅 사고를 이해하고, 알고리즘을 사용하여 문제 상황을 해결하기 위해 적절한 정보를 수집한다.

창의적 사고 역량

문제를 해결하기 위한 과정을 이해하고, 문제를 해결하기 위한 과정을 언플러그드로 나타낸다.

의사소통 역량

문제를 해결하기 위한 과정을 타인이 이해할 수 있도록 효과적으로 설명한다.

준비물 (활동 자료는 163쪽 참조)

문제 상황 카드 6장, 순서도 모양 카드 188개

도입	모둠 짓기 4명을 한 모둠으로 구성하고, 2인이 한 팀이 된다.
진행1	언플러그드에 대한 사전 수업을 실시한다. 언플러그드에 관한 학습은 앞에서도 짧게 언급되어 있다. 더 자세한 내용을 알고 싶다면, 경인교육대학교 이재호 교수님의 《CSI창의융합코딩》(학생용)이나 《생활 속 SW 코딩의 발견》(성인용)을 참고하면 좋다.
진행2	게임의 최종 목표는 문제 상황에 대한 해결 방법을 구체적으로 제시하는 것이다. 가령 계란 라면을 끓이려고 할 때, 두 팀의 순서도를 비교해 보자. 가팀 ① 냄비에 물 500ml를 붓고 끓인다. ② 물이 끓으면 스프를 넣는다. ③ 라면을 넣는다. ④ 3분을 기다린다. ⑤ 라면이 익으면, 계란을 넣는다. ⑥ 파를 먹기 좋은 크기로 잘라서 넣는다. 나팀 ① 끓는 물 500ml를 준비한다. ② 라면을 넣는다. ③ 스프를 넣는다. ④ 3분을 기다린다. ⑤ 계란을 넣는다. ⑥ 파를 넣는다. 이 과정에서 두 팀이 모두 ⑥번까지 작성하였다. 하지만 어느 팀이 더 구체적인지를 비교해 본다면 단연 '가팀'일 것이다. 그러므로 가팀의 승리로 보아야 한다. 이것을 순서도로 나타내면 다음과 같다.

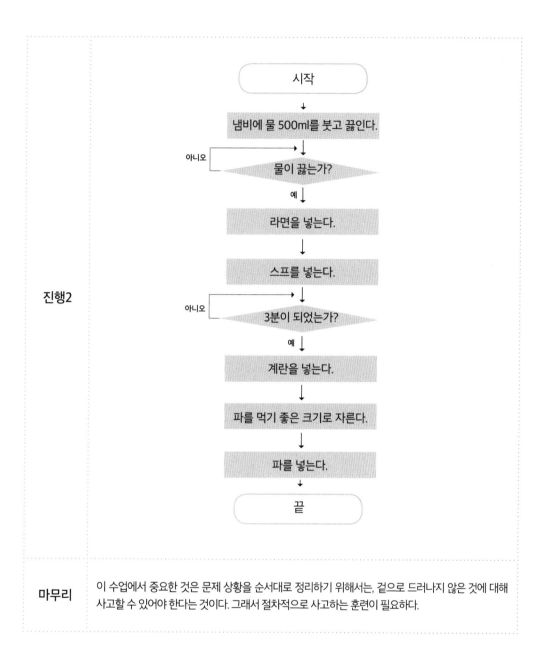

진행2	(위 흐름도)
마무리	이 수업에서 중요한 것은 문제 상황을 순서대로 정리하기 위해서는, 겉으로 드러나지 않은 것에 대해 사고할 수 있어야 한다는 것이다. 그래서 절차적으로 사고하는 훈련이 필요하다.

1. 사고의 순차적 정리 학습 방법

나의 방을 청소한다고 했을 때, 다음 중 어디부터 해야 할까?

천장, 벽, 창문, 침대, 바닥, 책상

누군가는 침대부터라고 생각하고, 또 누군가는 가장 지저분한 책상부터라고 답할 수도 있다. 정답을 가르치는 교과서는 처음부터 진행하는 것이 기본적인 순서라고 말한다. 즉, 천장부터 청소해야 한다는 것이다. 왜일까? 답은 천장의 먼지가 바닥으로 떨어지기 때문이다. 이렇게 말하면 "청소할 때 생긴 먼지가 천장으로 올라갈 수 있잖아요?" 하고 반문할 수도 있다. 참고로 먼지는 공기보다 무거워서 아래로 내려앉는 성질이 있다.

위의 질문에서는 청소를 하는 공간만 제시되었다. 그런데 청소라는 것은 특정 공간에서 털기, 버리기, 닦기, 쓸기 등의 다양한 행위를 해야 한다. 이렇게 생략된 것들을 함께 사고하여 정리할 수 있어야 한다. 이것이 청소와 관련된 맥락이다. 즉 '천장 털기-벽 털기-책상 쓰레기 버리기-책상 털기-책상 위 물건 제자리로 정리하기'와 같이 언플러그드로 표현하거나, '쓰레기 버리기-천장 털기-벽 털기-책상 털기-침대 털기-바닥 쓸기-책상 닦기'와 같이 정리하면 된다. 이렇게 문제를 해결하기 위한 과정을 순차적으로 설계할 수 있어야 한다.

2. 교사를 위한 언플러그드 학습 자료

앞에서도 소개한 이재호 교수의 '언플러그드 SW 코딩 교육을 위한'이라는 부제가 붙은 《생활 속 SW 코딩의 발견 1》과 《생활 속 SW 코딩의 발견 2》를 참고해 보자. 이 책

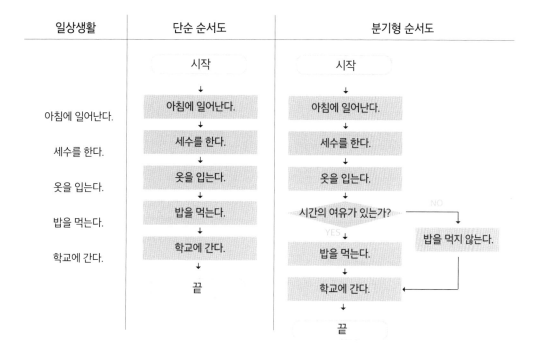

일상생활	단순 순서도	분기형 순서도
아침에 일어난다. 세수를 한다. 옷을 입는다. 밥을 먹는다. 학교에 간다.	시작 → 아침에 일어난다. → 세수를 한다. → 옷을 입는다. → 밥을 먹는다. → 학교에 간다. → 끝	시작 → 아침에 일어난다. → 세수를 한다. → 옷을 입는다. → 시간의 여유가 있는가? (NO → 밥을 먹지 않는다.) / YES → 밥을 먹는다. → 학교에 간다. → 끝

은 신호등 SW 프로그램 또는 자판기 프로그램 개발자가 되는 간접경험을 한다는 장점이 있다. 또한 스토리텔링의 방식으로 전개된다. 각각의 챕터가 개별이 아니라 신호등과 자판기라는 하나의 주제로 이어지고, 앞의 챕터에서 설계한 프로그램이 어떤 문제가 있는지 찾고, 그것을 하나씩 보완해 나가는 형식으로 서술되어 있다. 이 책 26쪽의 라면 끓이는 순서도와 57쪽 순서도의 차이점을 찾았다면, 앞의 설계에서 문제를 찾고 그것을 보완해 나가는 형식이 이해될 것이다.

3. 컴퓨팅 사고는 경험과 지식을 배경으로 한다

앞서 청소를 예로 설명했다. 이때 청소를 해본 사람은 순서대로 잘 나열할 수 있지만, 경험이 없는 사람은 "먼지가 천장에 다시 묻을 수 있잖아요" 하고 말할 수도 있다. 즉, 아는 만큼 보인다는 말이 컴퓨팅 사고에서도 통하는 것이다. 그러므로 경험과 지식을 쌓기 위한 미디어 탐색이나 책 읽기를 제대로 해야 하며, 스스로 질문을 하고 답을 찾는 연습을 꾸준히 하는 것이 많은 도움이 될 것이다.

'고소설이 도덕교육에 적합한가?'를 사고하기 위한 순서도

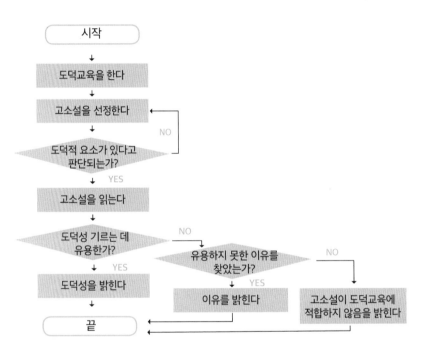

컴퓨팅 사고력, 언플러그드&코딩 게임

1. 우리 팀의 문제가 무엇이었는지 기록해 봅시다.

2. 문제를 어떻게 해결할 것인지에 대해 작은 단위로 분해해 봅시다.

3. 2의 분해를 순서도로 구체적으로 코딩해 봅시다.

4. 게임 후 평소의 생각이나 생각의 변화 등을 글로 정리해 봅시다.

 자기-동료-교사 평가

1. 자기 평가에는 다음과 같은 내용을 떠올려 기록합니다.

• 게임 과정에서 잘한 것	• 게임 과정에서 좋았던 것	• 내 재능을 새롭게 발견한 것
• 내용에 대해 새롭게 발견한 것	• 감동 / 재미있었던 것	• 미래에 갖고 싶은 직업
• 더 알고 싶은 것(호기심)	• 친구에게 잘 설명한 것	• 어려움을 극복한 것(갈등 사례)

예) 나는 게임 과정에서 정보를 잘 분석하였다. (잘한 것→정보처리 능력, 분석력)

2. 동료 평가에는 다음과 같은 내용을 잘 관찰하여 기록합니다.

• 친구가 잘했다고 생각한 것	• 좋았다고 생각한 것	• 감동하고 만족한 것
• 평소와 다른 행동을 발견한 것	• 질문한 것	• 어려움을 극복한 것
• 협의하고 타협점을 찾은 것	• 어울릴 것 같은 직업	• 상대방에 대한 경청과 배려

3. 교사 평가는 교사가 게임 과정에서 발견한 내용을 기록합니다.

• 게임 과정에서 교사가 구체적인 역량 요소를 관찰하여 발견한 경우
• 게임 과정에서 학생이 교사에게 의미 있는 질문을 한 것
• 교사가 정의적인 부분에서 칭찬할 만한 경우

게임 활동 평가

자기 평가	동료 평가	교사 평가

 평가 루브릭

가. 성취 역량 및 성취 기준

성취 역량	지식정보 처리 역량 : 컴퓨팅 사고를 이해하고, 알고리즘을 사용하여 문제 상황을 해결하는 과정에 대한 정보를 제대로 수집할 수 있다.
	창의적 사고 역량 : 문제를 해결하기 위한 과정을 이해하고, 문제를 해결하기 위해 순차적으로 사고하는 과정을 언플러그드로 정리할 수 있다.
	의사소통 역량 : 문제를 해결하기 위한 과정을 타인이 이해할 수 있도록 효과적으로 표현했다.
성취 기준	컴퓨팅 사고를 바탕으로 문제 상황을 해결하기 위한 과정을 순차적으로 설명할 수 있다.

나. 수업에 대한 루브릭

평가 요소	채점 기준		
문제 상황 맥락의 이해	문제 상황을 파악하고, 문제 해결에 어떤 알고리즘이 어떻게 사용되어야 하는지 설명했다.	문제 상황을 알고, 문제 해결을 위한 방법을 찾으려고 노력했다.	문제 상황에 대한 해결 방법을 제시하지 못했다.
	4	2	0
언플러그드 작성의 이해	문제를 해결하기 위한 과정을 분해하여 언플러그드로 구체적으로 제시했다.	문제 해결을 위한 과정을 분해하여 글로 정리했다.	문제를 해결하기 위한 과정을 언플러그드로 표현하지 못했다.
	4	2	0
순서도 작성의 이해	언플러그드로 표현한 순차적 문제 해결 방법을, 순서도의 기호를 사용하여 제대로 표현했다.	언플러그드로 표현한 순차적 문제 해결 방법을 순서도로 나타내려고 노력했다.	문제 해결 방법을 순서도로 표현하는 것이 미흡했다.
	7	4	1

다. 생활기록부 작성 예시

- '컴퓨팅 사고력, 언플러그드 & 코딩 게임' 활동에서 문제 상황의 맥락에 맞게 해결 방법을 제시하고, 그것을 글과 그림 등의 언플러그드로 나타냈으며, 이 활동을 통해 생략된 사고를 맥락 속에 찾아내고 연결하는 능력에 따라 결과가 달라짐을 경험하였음.
- '컴퓨팅 사고력, 언플러그드 & 코딩 게임' 활동에서 문제 상황을 해결하는 방법을 제시하고, 그것을 언플러그드로 표현하려고 노력하였음.

활동 자료

컴퓨팅 사고력, 알고리즘 게임 설명서

게임 준비(모둠별)

1. 세팅

2인 플레이 게임이다. 4인 모둠인 경우 2인이 한 팀이 되도록 구성한다.

2. 시작

1) 같은 모양의 양말이 4개씩, 모두 2세트가 있다.

2) 각 팀이 1세트씩 나눠 갖는다.

3) 알고리즘 카드 6장과 숫자 1~6번 카드를 하나씩 받는다.

게임 진행

3. 게임(2인 기준)

1) 양말을 잘 정리하기 위해, 양말 정리 방법을 쪼개어 생각한다.(문제 분해 과정)

2) 양말을 정리하기 위한 과정에 필요한 규칙을 생각한다.(규칙 찾기 과정) (이때 알고리즘 카드 6장 모두 또는 일부만 선택할 수 있음.)

3) 발견한 규칙을 이용하여 문제 해결 과정을 설계한다.(절차적 해결 과정) (순서에 따라 과정을 정리함. 가져온 카드를 모두 사용해야 함.)

1	2	3	4	5	6
모양	색깔	크기	같은 짝	누구

4) 3)의 순서에 맞춰 실제 양말을 분류하고 정리한다.(양쪽 팀 동시에 게임 시작) (이때, 임의로 순서를 바꿔 자신과 타인을 속이지 않도록 주의함.)

5) 일정 시간 후 또는 두 팀이 양말을 모두 정리하면 게임은 끝난다.

게임 결과

4. 승리 조건

양말을 빠르게, 정확하게 분류한 사람이 승리한다. 양말의 앞뒤를 살펴 양말의 주인이 맞게, 같은 짝끼리 제대로 정리되어 있는지 확인한다.

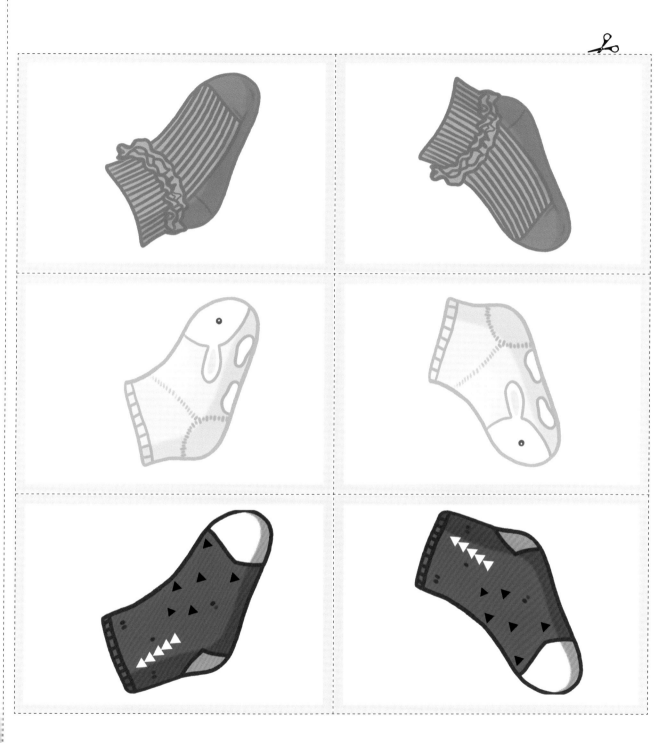

69

아기

아기

아기

아기

아기

아기

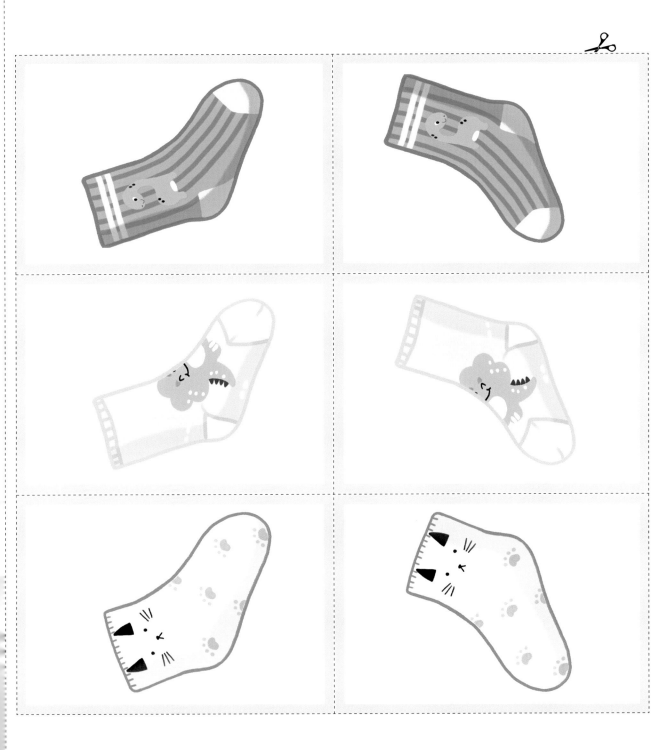

아기 아기 아기

아기 아기 아기

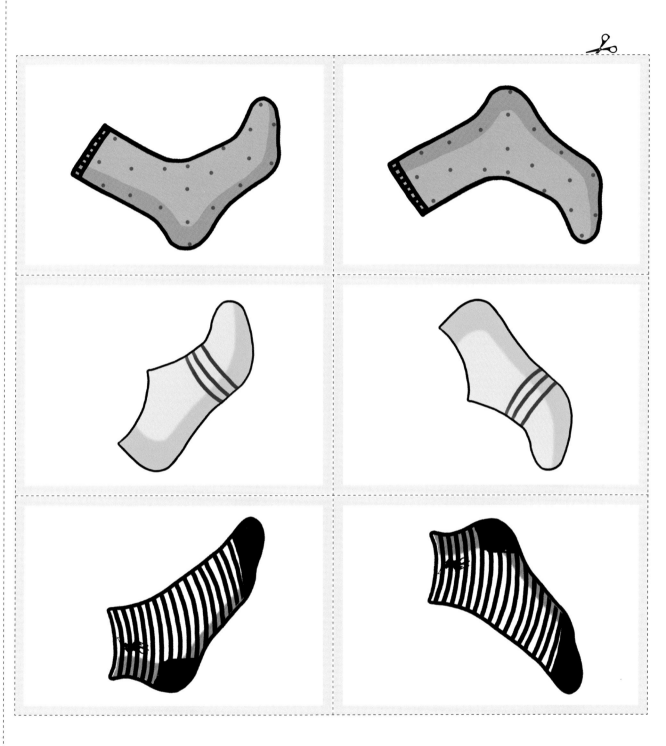

73

없하요

요하없

없하요

요하없

요하없

요하없

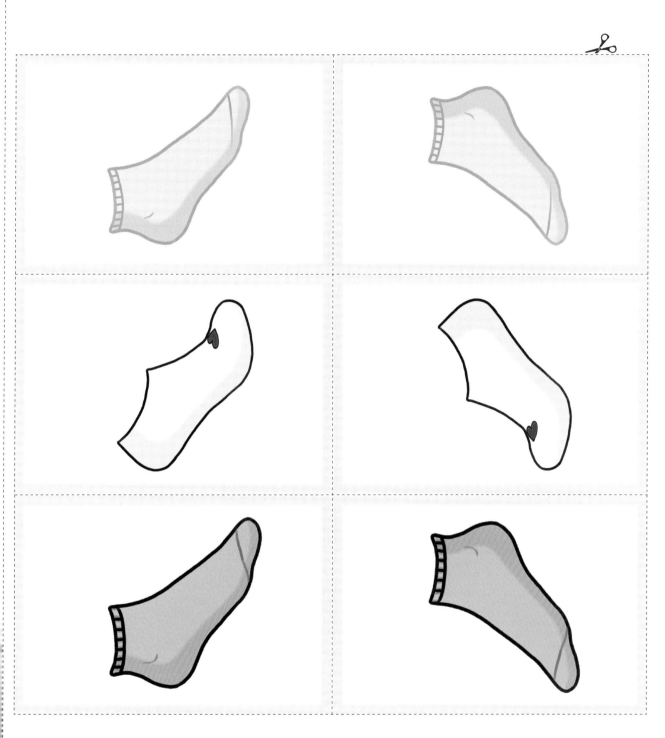

75

양하세요

양하세요

양하세요

양하세요

양하세요

양하세요

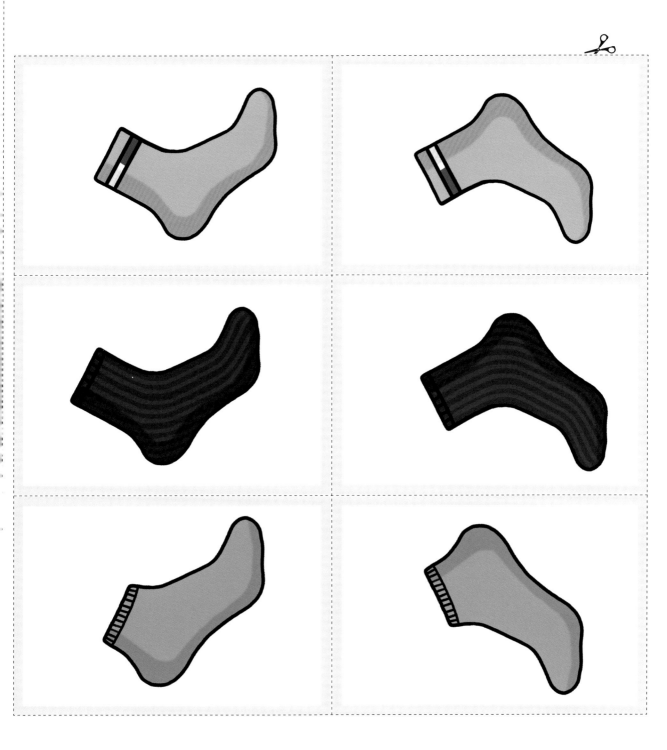

영하면 영하면

영하면 영하면

영하면 영하면

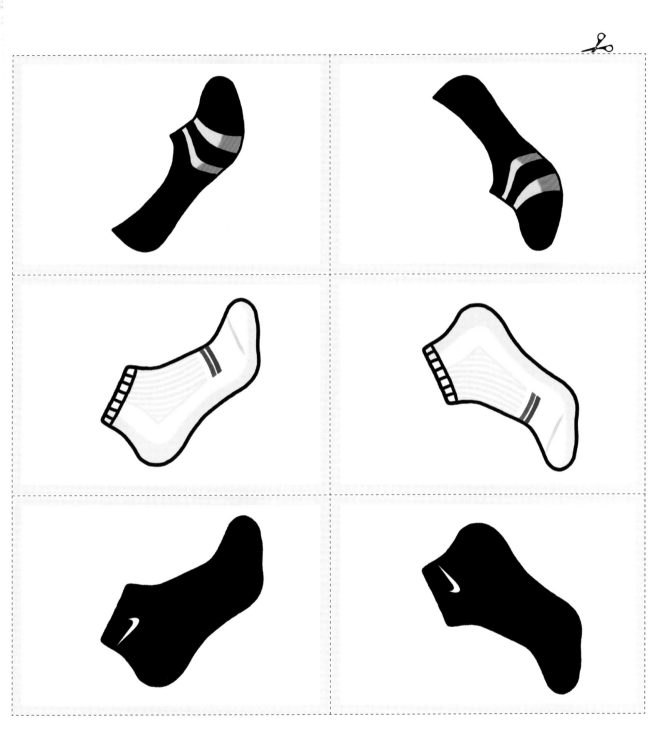

영하늬 먼

나늬하먼

엉늬하먼

엉늬하먼

엉늬하먼

나늬하먼

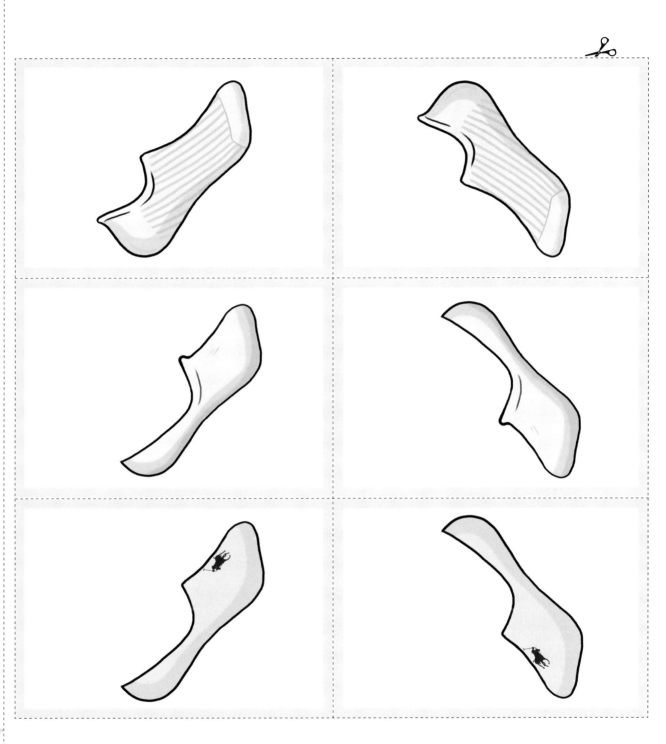

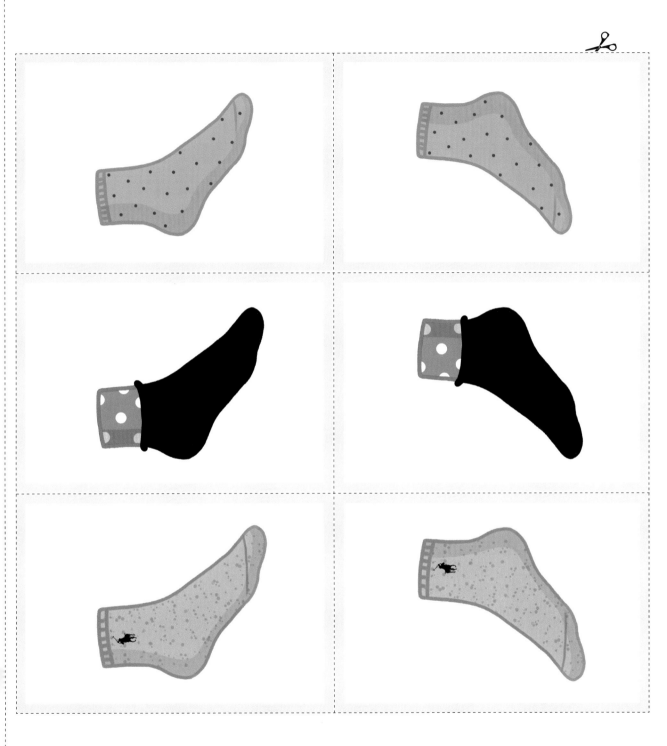

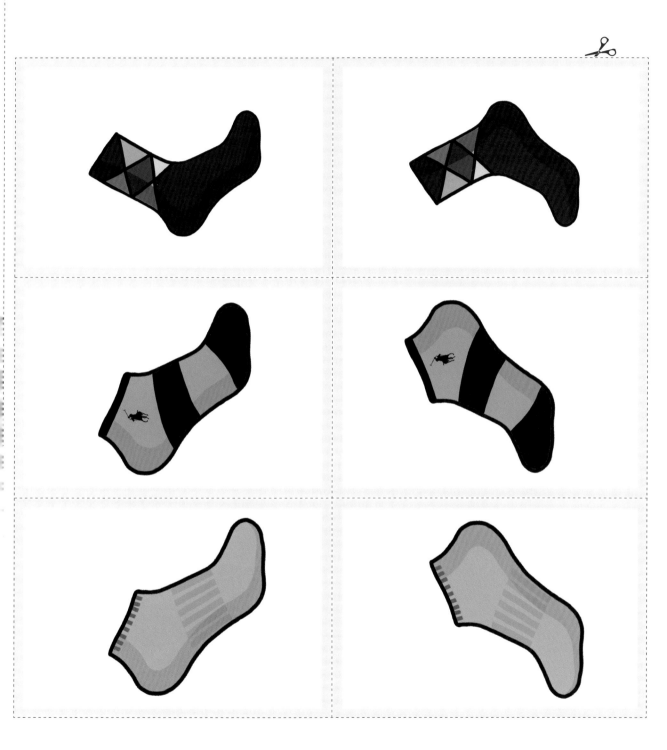

아박수

아박수

수박아

아박수

수박아

아박수

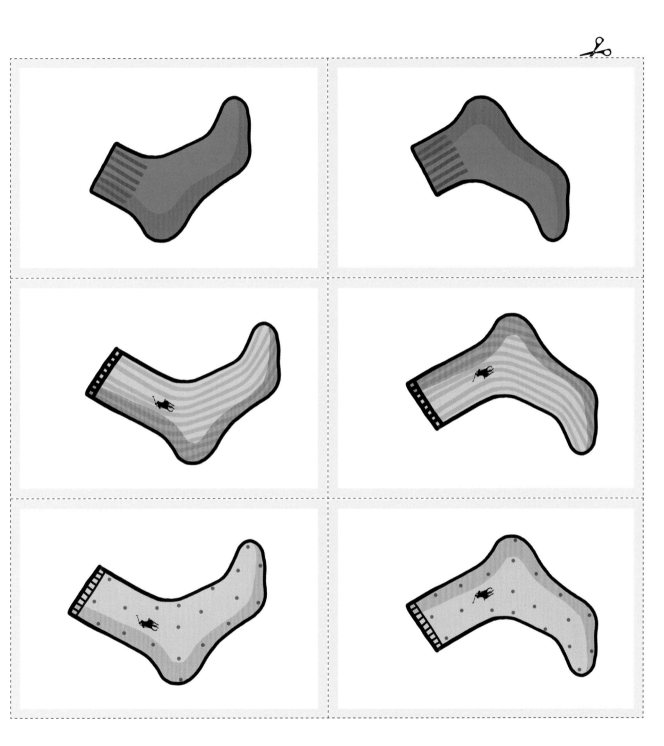

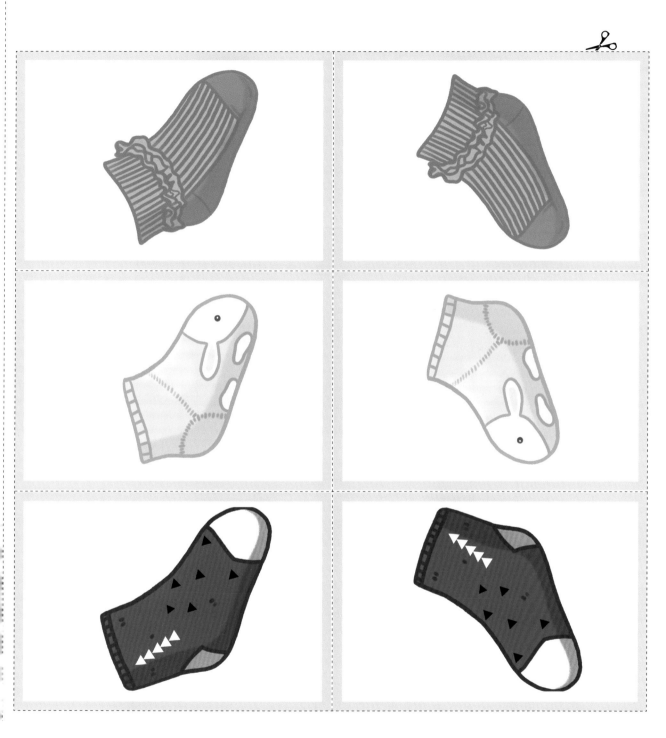

아기

아기

아기

아기

아기

아기

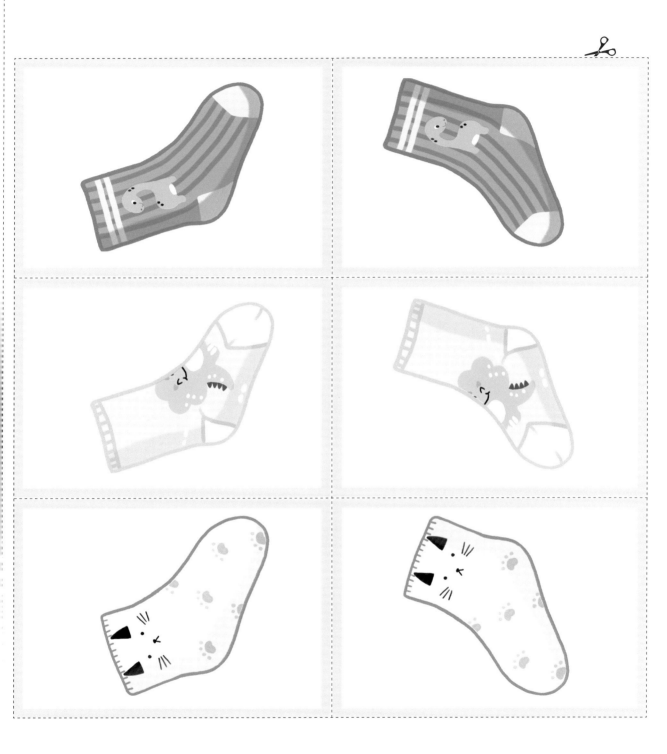

아기

아기

아기

아기

아기

아기

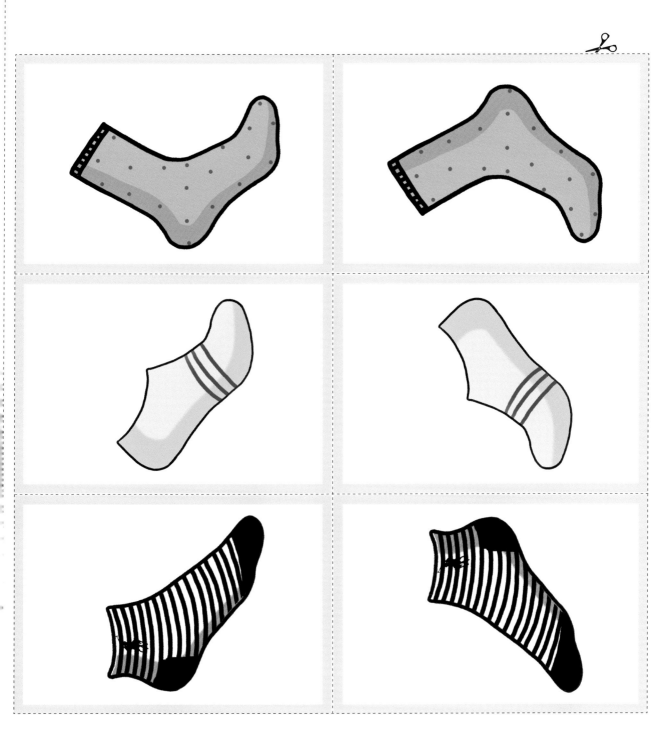

않으셨요

않으셨요

않으셨요

않으셨요

않으셨요

않으셨요

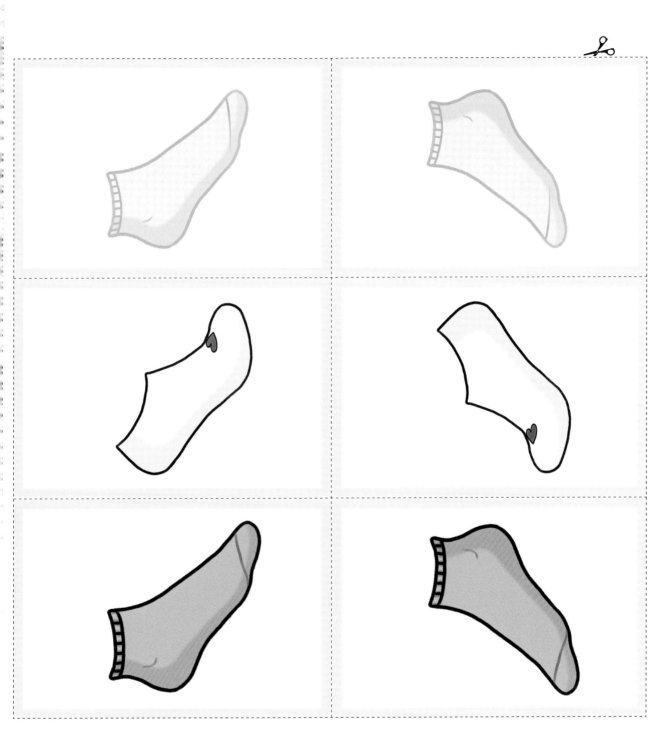

안녕하세요

안녕하세요

안녕하세요

안녕하세요

안녕하세요

안녕하세요

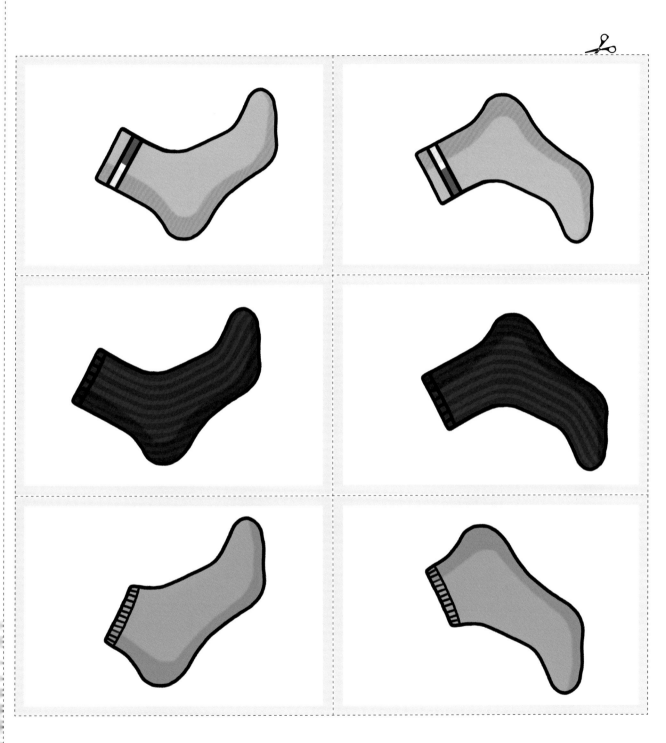

97

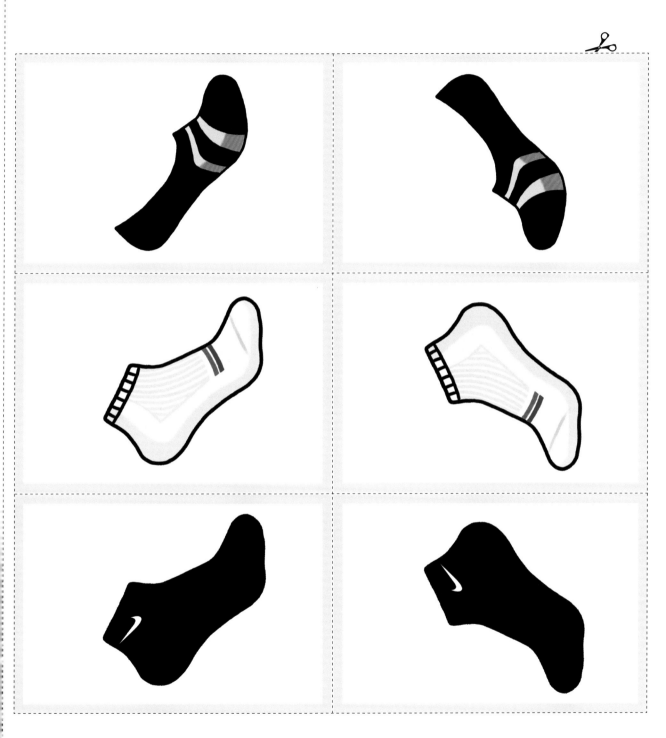

99

영원한샘 영원한샘

영원한샘 영원한샘

영원한샘 영원한샘

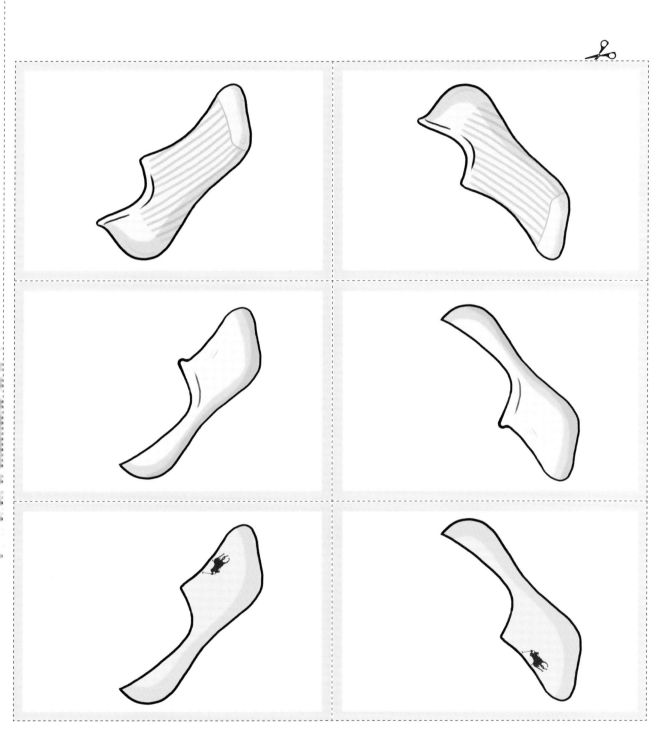

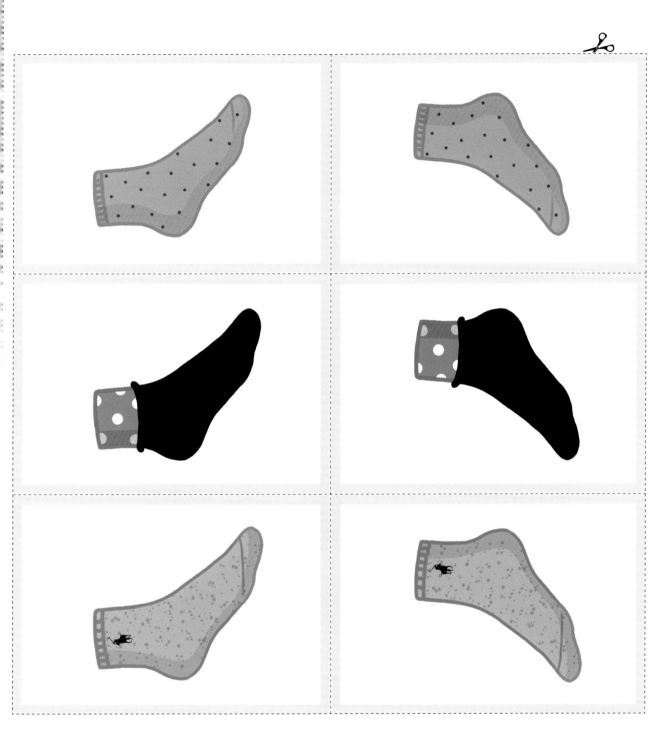

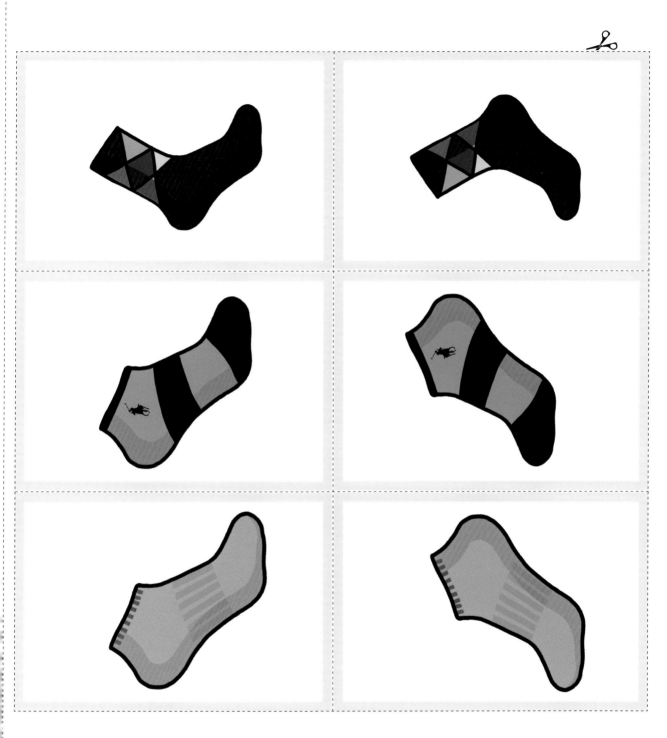

양
양
양
양
양
양

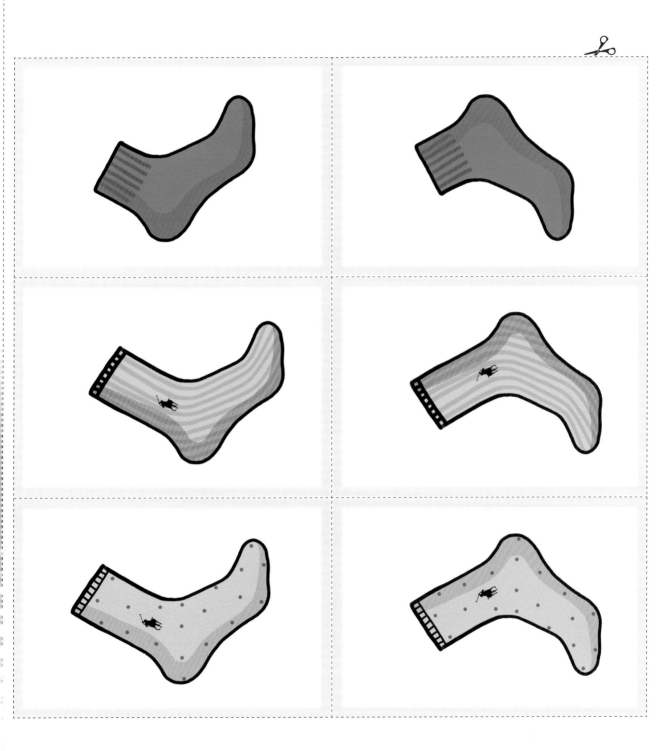

색깔

기타

모양

같은 짝

크기

누구

색깔

기타

모양

같은 짝

크기

누구

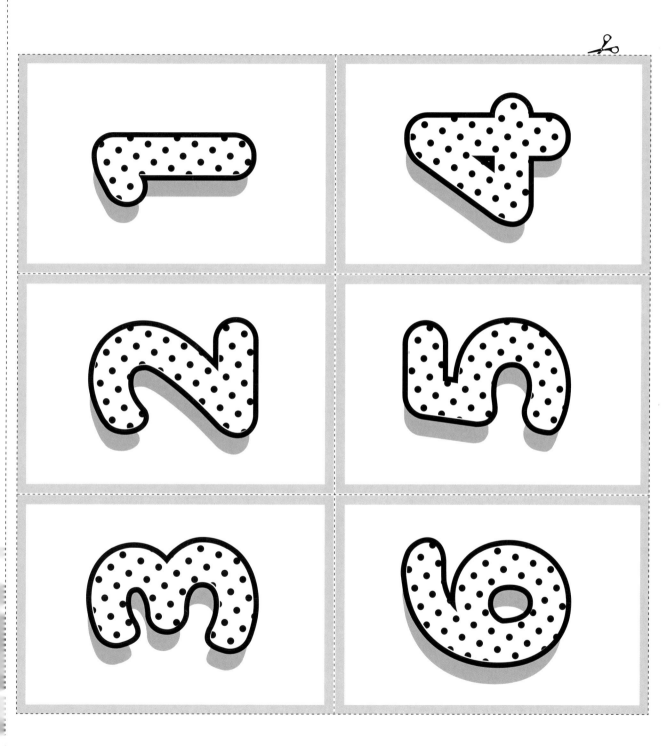

113

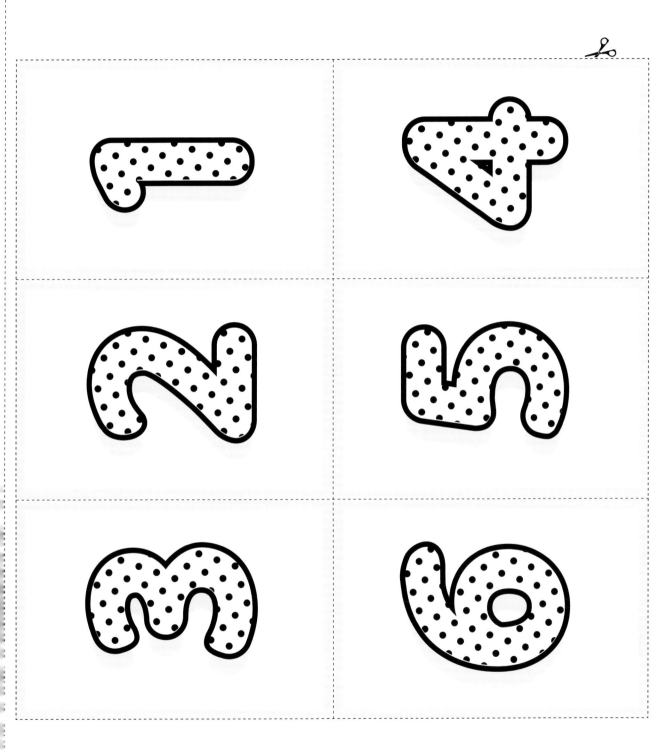

게임 준비(모둠별)

1. 세팅

4~5명을 한 모둠으로 구성한다.
알고리즘 상황 카드는 글자가 보이지 않도록 더미를 만든다. 알고리즘 카드는 글자가 보이도록 테이블에 펼쳐놓는다. 게임을 위해 가운데 자리는 비워둔다.

2. 시작

1) 가위바위보로 선플레이어를 정하고, 선플레이어는 진행 방향을 정한다.

2) 선플레이어부터 정해진 방향대로 돌며 차례대로 출제자가 된다.

게임 진행

3. 게임(5인 기준)

1) 출제자는 상황 카드 한 장을 읽고 펼쳐진 알고리즘 카드 중에서 7가지를 선택하여 일렬로 줄을 세운다.(이때 타인이 출제자의 순위를 알 수 없도록 무작위로 선택하고 정리한다.)

2) 출제자는 자신의 순위 숫자 칩을, 숫자가 보이지 않도록 카드 위에 올린다.

3) 다른 플레이어는 출제자의 입장에서 우선순위를 추론한다.

4) 모두가 숫자를 보지 못하도록 카드 아래에

순위 숫자표를 올려놓는다.

5) 출제자는 자신이 정한 순위를 설명하며 순위 숫자 칩을 오픈한다.

6) 그 외 플레이어는 카드에 가까이 있는 색깔 순서대로 순서를 오픈하며, 1순위만 이유를 이야기한다.

7) 같은 방법으로 두 번째 플레이어가 출제자가 되어 진행한다.

8) 게임은 시간제한을 하거나 한두 바퀴 또는 상황 카드 몇 개로 정한 후 끝낸다.

게임 결과

4. 승리 조건

점수가 가장 높은 사람이 우승한다.

출제자의 순위를 많이 맞힌 플레이어가, 맞힌 숫자만큼 점수 칩을 가져간다.

위의 경우 ★는 4개, ▲는 1개, ✾는 0개, ■는 2개를 맞혔다.

그러므로 ★는 4점을 획득한다.

만약, 2명의 동점자가 나오면 점수를 반으로 나누고, 자연수만큼 가져간다.

가령 2명이 동일하게 5개를 맞혔다면, 2개씩 나눠 가지면 된다.

3명의 동점자가 나오면 점수를 3으로 나누고, 자연수만큼 가져간다.

가령 3명이 동일하게 5개를 맞혔다면, 1개씩 나눠 가지면 된다.

이후 계산도 이와 같은 방식으로 한다.

알고리즘 생활 카드

나는 뉴스 플랫폼의 대표다. 사람들이 우리 플랫폼을 통해 다양한 뉴스를 검색하길 바란다. 그렇다면 어떤 알고리즘으로 뉴스 정보를 제공해야 할까?

알고리즘 생활 카드

나는 홈쇼핑 플랫폼 운영자다. 사람들이 우리 플랫폼을 통해 쇼핑하고 구매하길 바란다. 그렇다면 어떤 알고리즘으로 쇼핑 정보를 제공해야 할까?

알고리즘 생활 카드

나는 스트리밍 서비스 대표다. 대중이 우리 음원 서비스를 이용하여 다양한 음악을 즐기길 바란다. 그렇다면 어떤 알고리즘으로 무직 정보를 제공해야 할까?

알고리즘 생활 카드

나는 유튜브 플랫폼의 대표다. 대중이 유튜브를 통해 검색하고 더 오래 보기를 바란다. 그렇다면 어떤 알고리즘으로 영상 정보를 제공해야 할까?

알고리즘 생활 카드

나는 SNS 운영자다. 사람들이 우리 SNS 플랫폼을 통해 더 많은 콘텐츠를 찾길 바란다. 그렇다면 어떤 알고리즘으로 콘텐츠 정보를 제공해야 할까?

알고리즘 생활 카드

나는 여행 상품 플랫폼의 대표다. 사람들이 우리 플랫폼에서 여행 상품을 클릭하길 바란다. 그렇다면 어떤 알고리즘으로 여행 정보를 제공해야 할까?

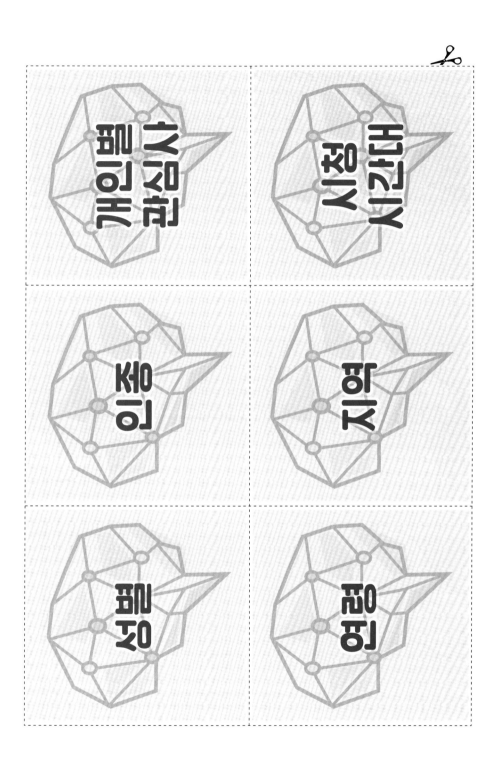

개인별
관심사

비정
시간대

인종

지역

성별
연령

연령
성별

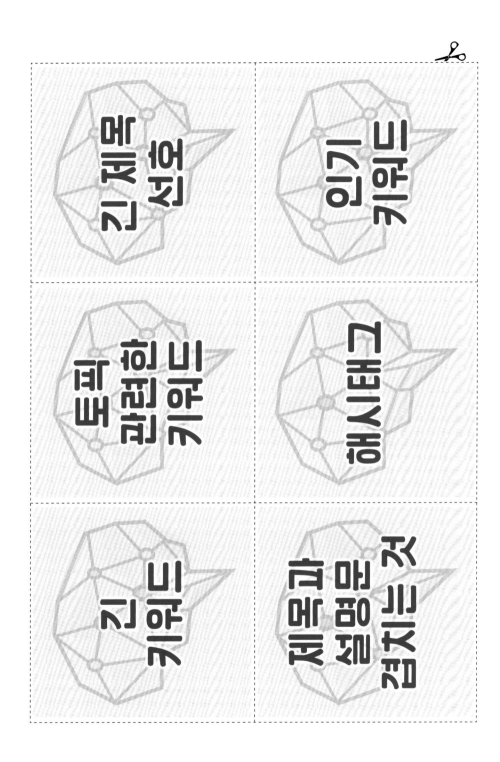

긴 제목 선호

인기 키워드

토픽 관련한 키워드

해시태그

긴 키워드

제목과 설명문 겹치는 것

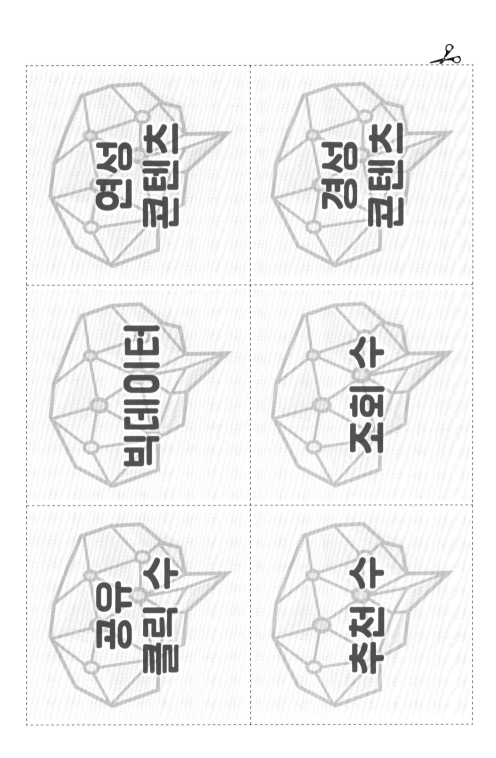

여성
콘텐츠

경성
콘텐츠

빅데이터

조회수

공유
클릭수

추천수

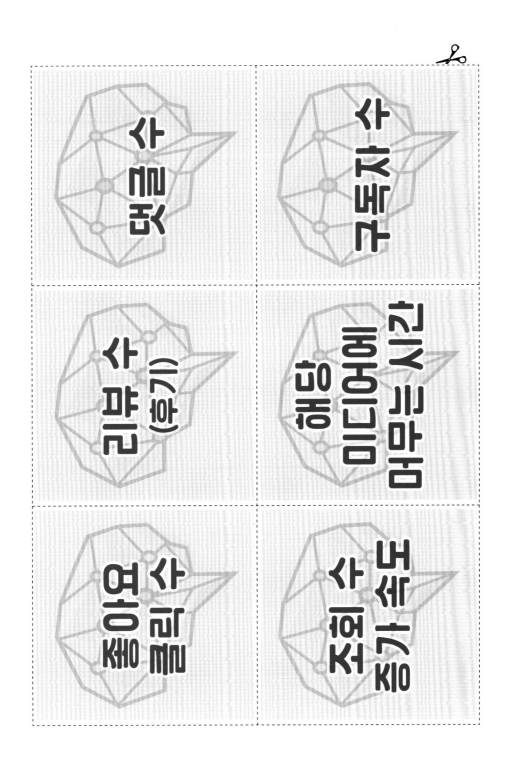

댓글 수

구독자 수

리뷰 수
(후기)

해당
미디어에
머무는 시간

좋아요
클릭 수

조회 수
증가 속도

판매
인기순

전통적
연출사

설비힐
(미리보기
이미지)

라이브
영상
(생중계)

영상
댓글
영상
달기

영상
길이

영상 시청
미디어
(기기)

새로운
주제
(참신성)

콘텐츠의
독창성

스테레오
타입

인기가
높아지는
타이밍

싫어요
클릭 수

131

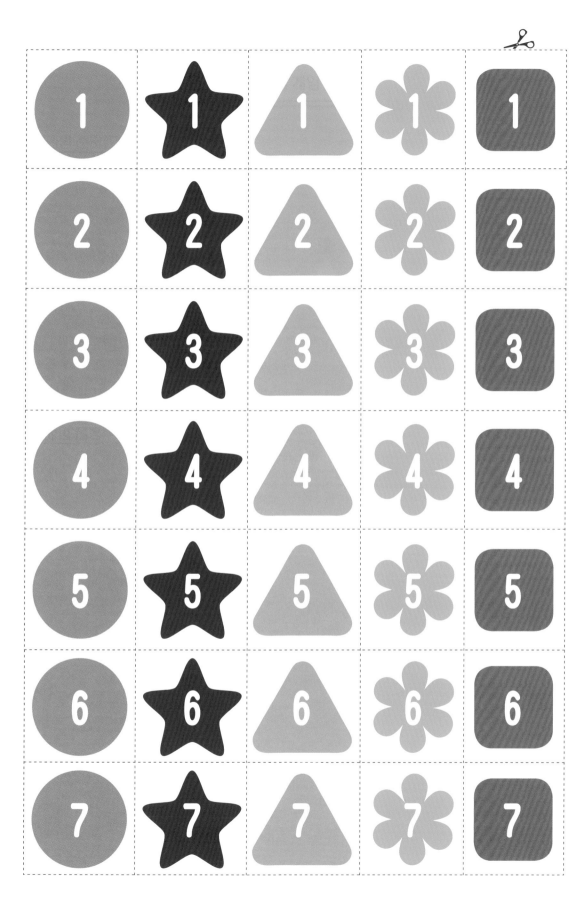

알고리즘 획득	알고리즘 획득	알고리즘 획득	알고리즘 획득
알고리즘 획득	알고리즘 획득	알고리즘 획득	알고리즘 획득
알고리즘 획득	알고리즘 획득	알고리즘 획득	알고리즘 획득
알고리즘 획득	알고리즘 획득	알고리즘 획득	알고리즘 획득
알고리즘 획득	알고리즘 획득	알고리즘 획득	알고리즘 획득

알고리즘 획득	알고리즘 획득	알고리즘 획득	알고리즘 획득
알고리즘 획득	알고리즘 획득	알고리즘 획득	알고리즘 획득
알고리즘 획득	알고리즘 획득	알고리즘 획득	알고리즘 획득
알고리즘 획득	알고리즘 획득	알고리즘 획득	알고리즘 획득
알고리즘 획득	알고리즘 획득	알고리즘 획득	알고리즘 획득

알고리즘 획득	알고리즘 획득	알고리즘 획득	알고리즘 획득
알고리즘 획득	알고리즘 획득	알고리즘 획득	알고리즘 획득
알고리즘 획득	알고리즘 획득	알고리즘 획득	알고리즘 획득
알고리즘 획득	알고리즘 획득	알고리즘 획득	알고리즘 획득
알고리즘 획득	알고리즘 획득	알고리즘 획득	알고리즘 획득

게임 준비(모둠별)

1. 세팅

4~5명을 한 모둠으로 구성한다

1인이 설득 성공 칩을 8개씩 갖는다.

2. 시작

1) 가위바위보로 선플레이어를 정하고, 선플레이어는 진행 방향을 정한다.

2) 각자의 말은 '시작'에 놓는다.

게임 진행

3. 게임(4인 기준)

1) 선플레이어는 토론 논제 카드 한 장을 가져가서 다른 참가자들이 잘 들을 수 있도록 읽어준다.

2) 선플레이어는 순서도를 따라 자신의 생각을 이야기하며 앞으로 나아간다. 생각이 나지 않아서 할 이야기가 없다면 멈춘다. 선플레이어가 멈추면 두 번째 플레이어가 출발한다.

3) ▬▬는 명령에 따르면 된다. 가령 '생각한다'라는 명령이 나오면, 머리로 생각을 하면 된다.

4) ◆는 '예, 아니오' 중에 하나를 선택하여 이동한다. 가령 〈문제 상황에 찬성인가〉에 도착하면, 'O, X' 카드를 이용하여 '찬성 또는 반대' 중 자신의 입장만 밝힌다. 이후로 진행되는 ◆는 질문에 따라 '예, 아니오'를 선택하고, 색깔로 구분된 선을 따라 이동하면 된다. 이때 '아니오'를 선택했다면 선을 따라 앞의 과정으로 돌아가고, 이어지는 명령이나 질문에 '예'가 아니라면 '예'가 성립될 때까지 멈춘다.

5) ▬▬는 정리된 생각을 밖으로 꺼내어 말한다. 가령 〈문장 카드를 이용하여 주장과 근거를 말한다.〉에 도착하면, 주장 카드 '주장은…'과 근거 카드 '왜냐하면…'을 이용하여 자신의 생각을 논리적으로 말한다.

6) 한 명의 플레이어가 자신의 주장과 근거를 이야기하는 동안, 나머지 세 명의 플레이어는 내용을 잘 듣고 설득이 되었다면 '설득 성공' 칩을 준다. 근거가 부실하여 설득되지 않았다면 주지 않는다. 단, 게임에서 이기기 위해 부실하다고 판단하는 경우, 이와 관련한 결과는 자신에게도 영향을 미칠 수 있다.

7) 일정 시간 또는 토론 논제 카드가 모두 사라질 때까지 플레이한다.

게임 결과

4. 승리 조건

가장 많은 '설득 성공' 칩을 받은 사람이 승리한다.

친선

친선

친선

친선

친선

친선

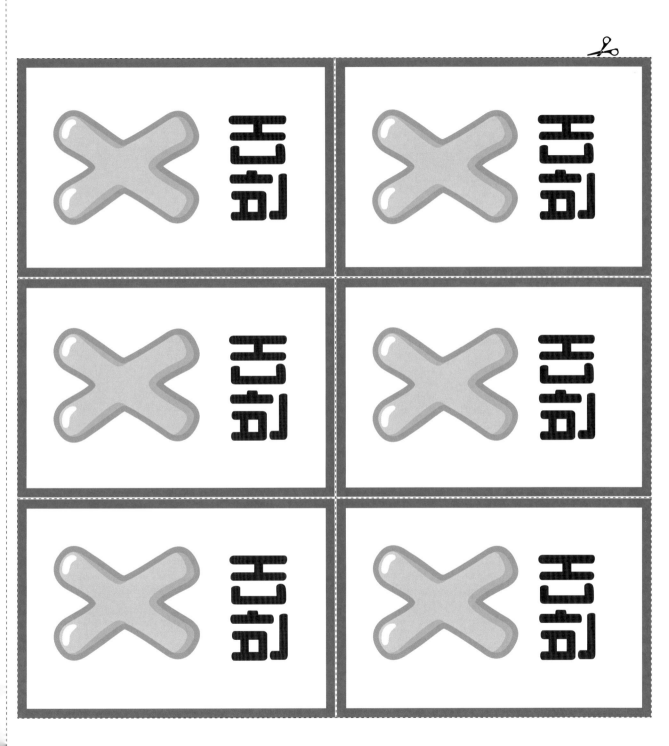

응천 : 자

응천 : 자

응천 : 자

응천 : 자

응천 : 자

응천 : 자

왜 그럼 항…

왜 그럼 항…

왜 그럼 항…

왜 그럼 항…

왜 그럼 항…

왜 그럼 항…

설득 성공	설득 성공	설득 성공	설득 성공
설득 성공	설득 성공	설득 성공	설득 성공
설득 성공	설득 성공	설득 성공	설득 성공
설득 성공	설득 성공	설득 성공	설득 성공
설득 성공	설득 성공	설득 성공	설득 성공

설득 성공	설득 성공	설득 성공	설득 성공
설득 성공	설득 성공	설득 성공	설득 성공
설득 성공	설득 성공	설득 성공	설득 성공
설득 성공	설득 성공	설득 성공	설득 성공
설득 성공	설득 성공	설득 성공	설득 성공

선택의 자유?

'너도나도섬'에 전염병이 발생하여 여행제한 국가로 분류되었다. 자유롭게 여행하고픈 가고파 씨는 여행지를 선택할 자유는 나라가 아닌 자신에게 있다고 주장한다. 당신의 생각은?

군대 면제받아야!?

대한민국의 만 18세 남성은 군대를 간다. 단, 국제적 업적이 인정되면 면제받는다. 빽차트 씨는 방탄소년단(BTS)이 빌보드 연속 1위로 국위 선양을 했으니 면제 대상이라고 주장한다. 당신의 생각은?

스마트폰 소유?

학교에서는 스마트폰을 걷어야 한다는 주장과 쉬는 시간 사용은 문제되지 않으니 걷으면 안 된다는 주장이 맞선다. 열공이는 열공을 위해 걷어야 한다고 생각한다. 당신의 생각은?

CCTV 설치 해도 될까?

독거 어르신의 안전을 지켜드리기 위해, 어르신 댁에 CCTV를 설치하자는 의견이 나왔다. 그러나 사생활이 보장되지 않는다는 이유로 반대에 부딪혀 설치가 취소되었다. 당신의 생각은?

공평하려면?

친구들과 모임을 하고, 똑같이 나눠 내는 것을 좋아하는 또기차 씨. 어느 날 술도 안 마시고, 밥도 안 주로 적게 먹은 공평한 씨가 더치페이를 요청했다. 당신의 생각은?

다수결의 원칙?

달라달라 마을에 새로운 이장을 뽑아야 한다. 주민 20명 중 15명과 친한 남달라 씨는 다수결로 뽑아야 한다고 주장한다. 당신의 생각은?

마음대로 말할 자유?

맘대로 쓰는 SNS에서 다른 사람의 글을 읽고 댓글을 남기는 것으로 하루를 보낸다. 맘대로 쓰는 비난과 막말도 자유라며 서슴지 않고 즐긴다. 당신의 생각은?

종교도 선택할 수 없어?

산신령을 믿는 무속인 믿음직 쓰는, 최근 무속신앙을 믿는 사람들 때문에 신림이 훼손된다는 이유로 무속신앙 금지법 집행 소식에 신을 갈 수 없게 되었다. 당신의 생각은?

세금은 꼭 내야 해?

국가의 정책들을 누리는 누릴때 시, 아이는 최고급 망원경을 끼고 놀고, 국가의 혜택으로 최상의 무상 교육을 받지만, 돈이 없다며 세금을 내지 않는다. 당신의 생각은?

주권 가진 국민이 원하는 대로?

민주주의의 기본 가치는 국민의, 국민에 의한, 국민을 위한 것이다. 그래서 나는 맘대로 쓰는 민주주의 국가의 국민이므로 원하는 대로 할 수 있어야 한다고 주장한다. 당신의 생각은?

자유? 방임?

공부에 전념할 수 있도록 두발을 규제하던 학교가, 학생 인권을 고려해 '두발 자유화'를 했다. 노란 염색을 한 하교와 양에게 과하다는 친구들이 비난은 옳은가? 당신의 생각은?

책임은 누구에게?

아이돌 공연을 보러 나선 왕사생 씨. 그는 지하철 환기구 위에서 열광하다 크게 다쳤다. 국가가 환기구를 튼튼하게 만들지 않았다며 국가에 보상을 요구했다. 당신의 생각은?

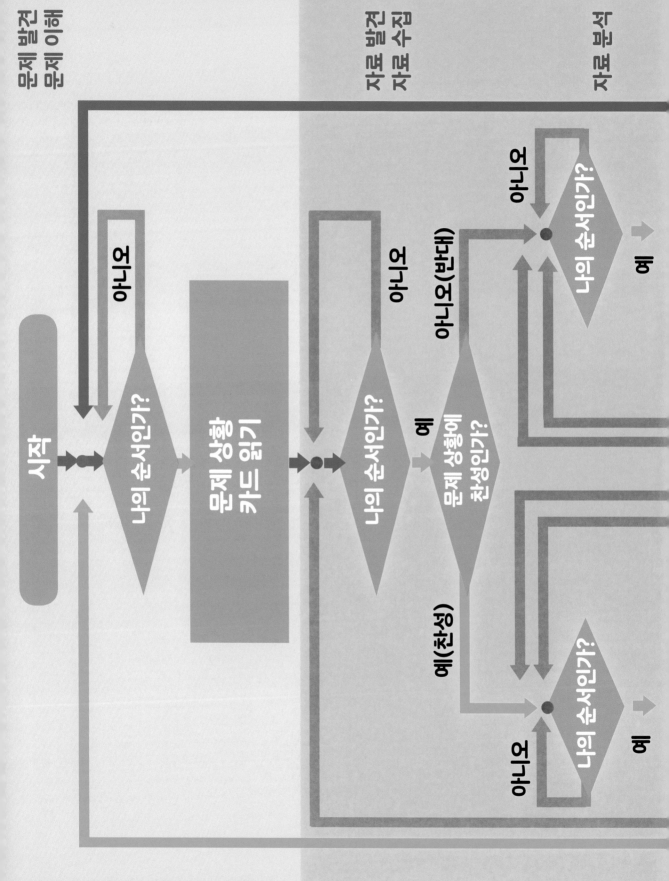

문제 발견
문제 이해

자료 발견
자료 수집

자료 분석

시작

나의 순서인가?
아니오
예

문제 상황
카드 읽기

나의 순서인가?
아니오
예

문제 상황에
찬성인가?
아니오(반대)
예(찬성)

나의 순서인가?
아니오
예

나의 순서인가?
아니오
예

★ 양쪽 면을 가위로 오린 후에 절취선 부분을 이어 붙여서 사용해 주세요

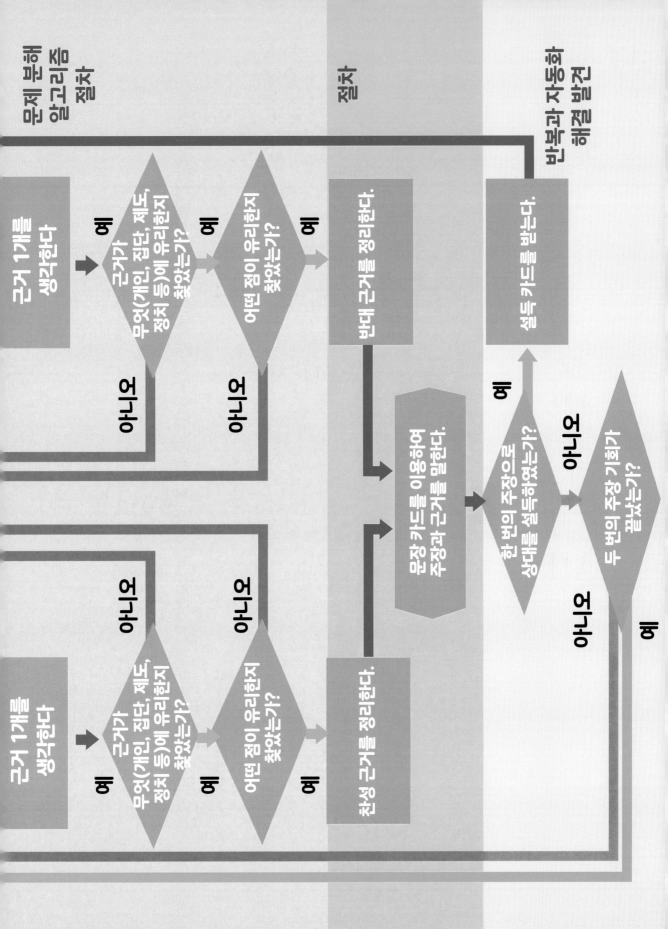

문제 분해
알고리즘
절차

근거 1개를 생각한다

예 → 근거가 무엇(개인, 집단, 제도, 정치 등)에 유리한가? → 예 → 어떤 점이 유리한지 찾았는가? → 예

아니어 / 아니어

근거 1개를 생각한다

예 → 근거가 무엇(개인, 집단, 제도, 정치 등)에 유리한가? → 예 → 어떤 점이 유리한지 찾았는가? → 예

아니어 / 아니어

절차

반대 근거를 정리한다.

찬성 근거를 정리한다.

문장 카드를 이용하여 주장과 근거를 말한다.

반복과 자동화
해결 발견

설득 카드를 받는다.

한 번의 주장으로 상대를 설득하였는가? → 예

아니어

두 번의 주장 기회가 끝났는가? → 예

아니어

컴퓨팅 사고력, 언플러그드 & 코딩 게임 설명서

게임 준비(모둠별)

1. 세팅
4명을 한 모둠으로 구성한다. 한 모둠에 포스트잇 한 묶음을 제공한다.

2. 시작
1) 2명이 한 팀이 되도록 한다.(게임에 익숙하면 혼자 플레이 가능)
2) 문제 상황 카드를 더미로 만든다.

게임 진행

3. 게임(4인 기준)
1) 문제 상황 카드 한 장을 뒤집어 펼치고, 문제를 분석한다.(문제 분해 과정)
2) 문제를 해결하기 위해 필요한 방법과 규칙을 생각한다.(규칙 찾기 과정)
3) 2)의 규칙을 이용하여 문제를 해결하기 위한 설계를 한다.(절차적 해결 과정)
4) 5분 동안 순서도로 표현한다.(활용법은 앞의 이론 부분을 참고)
  순서도 작성은 해당 카드에 포스트잇을 붙인 후 알고리즘을 기록한다.
5) 4)의 순서도가 순차적인지, 구체적인지, 명확한지를 살펴보고, 빈 카드와 포스트잇을 활용하여 보충한다.
6) 두 팀이 작성한 5)의 순서도를 발표한다.

게임 결과

4. 승리 조건
순서도를 더 구체적이고, 명확하게 작성한 팀이 승리한다.

1) 발표한 내용을 바탕으로 순서대로 진행했을 때 문제가 없는지 확인한다.
2) 양 팀의 내용이 모두 명확하다면 먼저 작성한 팀이 승리한다.
3) 먼저 작성한 팀의 순서도가 허술하다면, 두 번째 작성한 팀의 순서도가 승리한다.

문제 상황 카드

집에 놀러 온 친구에게 계란 라면을 끓여주려고 한다. 라면 봉지 뒷면에 다음과 같이 쓰여 있었다.

끓는 물 500ml에, 라면과 스프를 넣고, 기호에 따라 계란, 파를 넣고 5분간 끓인다.

문제 상황 카드

학교에서 햄버거 만들기 실습이 있다. 다음의 재료를 어떤 순서로 담아야 소스가 밖으로 흐르지 않으면서 맛있는 햄버거 만들 수 있을까?

햄버거 빵, 치즈, 네모 햄, 양상추, 소스, 토마토

문제 상황 카드

문구점에서 '백설공주 미니 성'을 구입했다. 레고 생김새만 봐도 딱 맞출 수 있을 것 같지만, 잘 맞출 수 있는 방법을 찾기로 했다.

블록, 설명서, 블록에 붙이는 스티커, 깃발, 백설공주 부속, 박스

문제 상황 카드

친구들과 쓰레기 분리배출에 대한 영상광고를 만들어 유튜브에 올리기로 했다. 어떤 순서로 진행해야 할까?

카메라, 스토리보드, 편집, 모델, 재활용 가능한 쓰레기, 일반 쓰레기, 유튜브 업로드

문제 상황 카드

친구들과 영상 제작에 필요한 것을 사러 갔다. 마트는 지하 식료품과 생필품, 1층 의류, 2층 문구, 3층 스포츠로 구성되어 있다. 쇼핑 순서는?

아이스크림, 색연필, 단체 티셔츠, 농구공, 휴지, 빵, 스케치북

문제 상황 카드

건강하기 위해 올바른 손씻기를 주제로 동영상을 제작하기로 했다. 어떻게 진행해야 할까?

영상 편집, 영상 촬영, 손 비비기, 흐르는 물, 30초, 비누, 공유

단말
일의 시작

단말
일의 시작

단말
일의 시작

단말
일의 시작

단말
일의 시작

단말
일의 시작

단말
일의 시작

단말
일의 시작

단말
일의 시작

단말
일의 시작

연결자
흐름 연결

연결자
흐름 연결

연결자
흐름 연결

연결자
흐름 연결

연결자
흐름 연결

연결자
흐름 연결

연결자
흐름 연결

연결자
흐름 연결

연결자
흐름 연결

연결자
흐름 연결

연결자
흐름 연결

연결자
흐름 연결

연결자
흐름 연결

연결자
흐름 연결

연결자
흐름 연결

연결자
흐름 연결

연결자
흐름 연결

연결자
흐름 연결

연결자
흐름 연결

연결자
흐름 연결

연결자
흐름 연결

연결자
흐름 연결

연결자
흐름 연결

연결자
흐름 연결

입출력
정보 입력과 출력

입출력
정보 입력과 출력

입출력
정보 입력과 출력

입출력
정보 입력과 출력

입출력
정보 입력과 출력

입출력
정보 입력과 출력

입출력
정보 입력과 출력

입출력
정보 입력과 출력

입출력
정보 입력과 출력

입출력
정보 입력과 출력

판단
조건

판단
조건

판단
조건

판단
조건

판단
조건

판단
조건

판단
조건

판단
조건

판단
조건

판단
조건

판단
조건

판단
조건

판단
조건

판단
조건

판단
조건

판단
조건

판단
조건

판단
조건

판단
조건

판단
조건

처리
명령, 이동, 연산, 실행 등

처리
명령, 이동, 연산, 실행 등

처리
명령, 이동, 연산, 실행 등

처리
명령, 이동, 연산, 실행 등

처리
명령, 이동, 연산, 실행 등

처리
명령, 이동, 연산, 실행 등

처리
명령, 이동, 연산, 실행 등

처리
명령, 이동, 연산, 실행 등

처리
명령, 이동, 연산, 실행 등

처리
명령, 이동, 연산, 실행 등

처리
명령, 이동, 연산, 실행 등

처리
명령, 이동, 연산, 실행 등

처리
명령, 이동, 연산, 실행 등

처리
명령, 이동, 연산, 실행 등

처리
명령, 이동, 연산, 실행 등

처리
명령, 이동, 연산, 실행 등

처리
명령, 이동, 연산, 실행 등

처리
명령, 이동, 연산, 실행 등

처리
명령, 이동, 연산, 실행 등

처리
명령, 이동, 연산, 실행 등

흐름선 O YES 참

흐름선 O YES 참

흐름선 O YES 참

흐름선 O YES 참

흐름선 O YES 참

흐름선 O YES 참

흐름선 O YES 참

흐름선 O YES 참

흐름선 O YES 참

흐름선 O YES 참

흐름선

흐름선

흐름선

흐름선

흐름선

흐름선

흐름선

흐름선

흐름선

흐름선

흐름선 O YES 참

흐름선 O YES 참

흐름선 O YES 참

흐름선 O YES 참

흐름선 O YES 참

흐름선 O YES 참

흐름선 O YES 참

흐름선 O YES 참

흐름선 O YES 참

흐름선 O YES 참

흐름선

흐름선

흐름선

흐름선

흐름선

흐름선

흐름선

흐름선

흐름선

흐름선

184

흐름선 X NO 거짓

흐름선 X NO 거짓

흐름선 X NO 거짓

흐름선 X NO 거짓

흐름선 X NO 거짓

흐름선 X NO 거짓

흐름선 X NO 거짓

흐름선 X NO 거짓

흐름선 X NO 거짓

흐름선 X NO 거짓

흐름선

흐름선

흐름선

흐름선

흐름선

흐름선

흐름선

흐름선

흐름선

흐름선

흐름선 X NO 거짓

흐름선 X NO 거짓

흐름선 X NO 거짓

흐름선 X NO 거짓

흐름선 X NO 거짓

흐름선 X NO 거짓

흐름선 X NO 거짓

흐름선 X NO 거짓

흐름선 X NO 거짓

흐름선 X NO 거짓

흐름선

흐름선

흐름선

흐름선

흐름선

흐름선

흐름선

흐름선

흐름선

흐름선

컴퓨팅 사고력,
알고리즘
카드

알고리즘 순위
카드

컴퓨팅 사고력,
주장과 근거
카드

컴퓨팅 사고력,
언플러그드&코딩
카드